我国高校游泳教学现状、模式与创新研究

徐惠　著

北京燕山出版社

BEIJING YANSHAN PRESS

图书在版编目（CIP）数据

我国高校游泳教学现状、模式与创新研究 / 徐惠著
. - 北京 ： 北京燕山出版社，2023.3
ISBN 978-7-5402-6848-0

Ⅰ. ①我… Ⅱ. ①徐… Ⅲ. ①游泳—教学研究—高等
学校 Ⅳ. ①G861.102

中国国家版本馆 CIP 数据核字 (2023) 第 038263 号

我国高校游泳教学现状、模式与创新研究

著　　者　徐　惠
责任编辑　李　涛
封面设计　刊　易
出版发行　北京燕山出版社有限公司
地　　址　北京市西城区椿树街道琉璃厂西街 20 号
电　　话　010-65240430
邮　　编　100052
印　　刷　明玺印务（廊坊）有限公司
开　　本　710mm×1000mm　1/16
字　　数　150 千字
印　　张　10.25
版　　次　2023 年 3 月第 1 版
印　　次　2024 年 1 月第 1 次印刷
定　　价　80.00 元

前　言

　　游泳是一项与众不同的运动健身项目，其主背景环境为水，因其特殊性，造就其存在的现实意义。游泳深受大众的喜爱，是因为游泳可以提高身体素质、增强免疫力、预防疾病的发生、培养耐力、愉悦心情。现在我国许多高校已经开设了游泳课程，但是由于教学方法上存在一定的问题，导致学生们上课情绪不高，学习效果不佳，无法达到游泳的学习目标，因此高校游泳教学改革亟须进行。

　　游泳教学中安全理应是排在第一位的，但不能以"安全第一"教学理念麻痹学生，成为阻碍游泳教学发展的挡箭牌。各大高校应坚持"健康第一"的指导思想，在此基础上大胆注重学生的创新，紧跟时代步伐，制定相应的教学方法。以坚持锻炼和终身体育为主要指导理念，将新的教学内容和方法应用到教学上，创造"自觉、自主"的学习环境，激发学生对游泳的求知欲和兴趣。

　　高校应按照《全国普通高等学校体育课程教学指导纲要》中的规定，打破我国长期以来大一、大二开设体育课程的情况，拓宽开设的年级。同时高校还要有效调整课程的安排时间和数量，保证课程安排的连续性。在教学内容上应坚持整体全面的观点，依据教学目标和学生的实际情况，制定教学内容。将卫生和安全知识加入教学内容中，并且根据自身教学需要制定相关教材。在教学中要改变原有单一性以竞技为主的内容，可以引进游泳救生、实用游泳等更加实用的游泳项目，还可以在教学中加入一些现代的流行元素，这样不仅丰富了教学内容，还能满足学生的发展需求。

　　与此同时，高校游泳教学应改革教学模式。既要在传统优秀的游泳教学模式上，开拓新的更为有效的教学模式，尤其是引入如幻灯片等高科技的现代手段，增加学生对游泳学习更深层次的认识，使其有针对性地去练习和模仿。又要利用校园网络平台进行师生交流，通过课外自主、自由的学习来弥补课堂上的不足，让学生在快乐的环境中获得新的知识。在教学实践中要利用水的物理特性，讲解水的用途和故事，以此增加学生对水的亲切感，克服对水的恐惧感。

伴随着游泳教学改革的不断深入，作为教学中的重要角色——教师，其师资力量也应该进行相应的配套改革。应该积极吸纳更多的游泳专业教师，尤其是具有专业素养的女教师，以平衡教师男女比例不均现象。同时，要对现有资历教师进行专业的时代性培训，以便能够结合专业知识、配合现代教学资源，更好地完善师资队伍，积极应对学校体育课程和学生的发展要求。

针对学生对游泳的恐惧心理，应该营造良好的教学氛围，缓解游泳中可能出现的呛水、痉挛、头疼等紧急情况。尤其是女孩子，要对其生理周期进行有效的指导，缓解或消除其对于游泳的排斥心理。同时要明确指出游泳具有增强体质、培养意志力及减肥塑身等益处，这样可以调动学生学习游泳的积极性，克服恐惧心理，达到健身的最终目标。

高校拥有众多体育课程，但是游泳课程的影响力较大，外国中小学生必修课程就包括游泳，游泳在国外被划分为生存技能。在我国高校中学生的游泳技能程度不一，很多学生略知一二，游泳技巧、熟练程度方面尚有不足，这和我国高校游泳课程的教学方法有着很大关系。对此高校需要立足实际，对游泳课程及教学方法进行改革，引导学生爱上游泳课程，锻炼他们健康的体魄和良好的心理素质。

本书由徐惠撰写。由于时间比较仓促，加之笔者水平有限，在编写的过程中难免出现纰漏之处，敬请读者谅解。

目　录

第一章 游泳教学基本概述

第一节 游泳运动原理

一、力学原理

水的密度比空气大得多，水流动时本身就具有很大的黏粘滞性，所以人在陆地上行走时受到的空气的阻力远远小于人在水中游泳时受到的水的阻力。不管是业余游泳爱好者，还是专业游泳运动员，都要对水的阻力及其游泳的影响有一定的了解，都要掌握在水中游泳时减少阻力的科学方法，这样才能游得快，而且不费力，以节约体能，提高成绩和效果。

在水中游泳时，人体会受到以下阻力的影响。

（一）摩擦阻力

人在水中游泳时，身体与水在非光滑、有挤压的表面相互接触，而且人与水的运动方向是相对的，摩擦阻力就是在这些条件下产生的。固体之间的摩擦也有阻力，但这种阻力相对简单一些，而人与水接触时受到的摩擦阻力就比较复杂。人在游泳过程中，身体和水接触，一些水分子附着在人的皮肤上，这些水分子相对于游动的身体来说是处于静止状态的。水环境中水有里外层次之分，内层水的速度快，外层水的速度慢，越靠近水的表面，流速就越慢。内层水离人的身体比较远，人在水中游泳时基本不会影响内层水，我们平时所说的静止水层就是离游泳者身体很远的内层水。在游泳过程中，从水的外层到内层，水速逐渐减慢，由动到静，这个变化的梯度区域被称为"边界层"。游泳中，边界层内的水与相邻水层中的水相互摩擦，相邻水层的水在边界水层摩擦作用的带动下流动，方向与边界水层的水的流向一致，这就形成了摩擦阻力，与运动员的游泳方向相反，从而制约运动员的游速。

运动员要想在游泳时节省力气并游得快一些，就要思考将水的摩擦阻力降到最低的方法。人和水的接触面非光滑是引起摩擦阻力的一个主要因素，从这个影响因素出发，尽可能使人与水在光滑的接触面上接触，这样可以有效减少水的摩擦阻力。要使接触面变得光滑，使水的摩擦阻力降低，就要选择材质光滑、有弹性、吸水少的泳衣，要保持流线型泳姿，并佩戴光滑的泳帽。水的摩擦阻力也受到游泳速度的影响，相邻水层之间相互摩擦的程度会随着游速的加快、梯度区域的扩大而增加。

（二）压差阻力

人在水中游泳时，身体前后的水的压力是不同的，不同压力的液体与人体接触产生了压差阻力，又称为"形状阻力"，因为液体中物体的形状决定了压差阻力的大小。

减少压差阻力对提高游泳速度有很大的帮助，具体方法如下：

第一，运动员应尽量保持水平游泳姿势，也就是流线型泳姿，这样可以减少身体在前进方向上的截面面积，减少身体后方的旋涡区，从而减少压差阻力。

第二，运动员应按直线方向游泳前进，尽量不要向左右两侧摆动，否则会增加身体在游泳方向上的投影截面，增加体侧旋涡区的面积，从而增加压差阻力。

第三，运动员的游泳速度也会受到浮力的作用点与人体重心位置的影响，它们都是等效作用点，但不在同一点位置，人体腹部中央是浮力作用点的位置，重心位置更靠下一些，这样就比较容易产生旋转力矩，而它会影响运动员的游泳速度，使运动员的腿不自觉地向下沉。解决这个问题的方法是，两臂夹住头并充分伸展，前臂并拢，两腿并在一起，充分伸展脚尖，背部肌肉和腹部肌肉适度收紧，以充分伸展身体每个部位，使身体保持在同一直线上，这样可以使重心尽量移向浮力的作用点，使旋转力矩减小。

（三）波浪阻力

从流体力学原理分析，运动员游泳时不仅要向前用力游泳，还要向下用力拍水，运动员既有平行方向上的运动，也有垂直方向上的运动。运动员垂直向下拍水的运动使水波出现在水面上，波浪就是水波沿水面扩散形成的，相对来说，水面下的波浪小一些，水面的波浪大一些，波浪随水深增加而减少。波浪阻力对运动员的游速有影响，有些运动员在比赛中先潜泳再到水面上游泳，主要就是为了将波浪阻力降到最小，从而增加游速。

运动员要想减小波浪阻力对其游泳速度造成的影响，就要在游泳过程中尽量防止大波浪产生，具体要做到以下两点：

首先，身体应尽可能保持水平姿势，因为身体如果存在较大倾斜，那么身体挡水面就越大，在向前游泳时推挤的水就会越多，这些水受到推进而失去平衡，形成的波浪自然也就比较大。

其次，应该注重游泳技术的提升。为了减少波浪阻力，可以采用"屈臂高肘划水技术"，这种游泳技术可减少手臂划水时对水在竖直方向的分力，这样水对游泳者身体竖直方向的反作用也不大，不会使身体在水面上明显上下起伏。

二、恢复原理

（一）恢复的特征

在游泳训练中，如果运动员出现明显的疲劳症状，那么其就难以再继续顺利练习，将影响训练的发挥和训练效果。这时就需要及时帮助运动员消除疲劳，补充能量，促进恢复。游泳运动员在训练中经过一定负荷的刺激，身体机能水平暂时降低，体内能源物质暂时减少，而采取一定措施后，其机能水平逐渐恢复到初始水平，机体能源物质也逐渐达到正常，这个过程就是训练恢复过程。在游泳训练中，能量消耗、补充、再消耗、再补充是一个循环往复的过程，消耗与恢复密切结合，不断提高运动员的专项水平。只有在疲劳后有所恢复，才能提高训练效果，才能提升体能素质，才能为整体提高竞技水平奠定体能基础。机体恢复也能促进心理健康，达到身心放松的效果。

如果在超量期间适时进行训练，则后继训练就是建立在更高机能、物质水平的基础上。不断重复这一过程必然会使运动员的竞技能力和运动成绩持续提高。超量恢复是运动训练的基本规律，可通过多种有效的恢复手段与措施，加快运动员的恢复速度，保证超量恢复的实现。

（二）恢复的手段

游泳训练恢复手段主要有以下几种类型。

1.运动训练学恢复手段

通过调节训练处方中的相关因素来达到恢复的目的。运动员在训练中感到明显疲劳后，可以通过慢速放松的方式来休息，这样能够快速消除血乳酸。

2.医学恢复手段

从医学角度来看，补充营养素、补充能量有助于实现恢复的目的。另外，推拿、按摩、牵拉也可以使肌肉疲劳快速消除。

3.心理学恢复手段

游泳运动员在训练中产生疲劳不仅表现在机体上，也表现在心理上，消除心理疲劳和消除机体疲劳都很重要，所以不能忽视。转移注意力是消除运动员心理疲劳的最佳方式，如引导运动员将注意力转移到听音乐、看电视、绘画等自己感兴趣的事情上，从而放松心情，舒缓压力，保持良好的情绪和心理状态。

第二节　游泳运动特点

一、力量训练特点

与其他运动项目不同，游泳运动员的力量训练主要呈现出以下几个方面的特点，运动员一定要了解这些特点才能更好地参加训练。

（1）游泳运动员的力量素质训练一定要严格遵循既定的顺序和过程，其基本的训练顺序为一般速度训练—爆发力训练—速度耐力训练。这一训练的顺序非常重要，切忌盲目进行。

（2）运动员进行力量素质训练时，一定要把握好重点与难点，要在运动员力量发展的突增时期加强其力量素质的训练，增加运动强度，实现质的飞跃。

（3）在进行力量素质训练时，运动员还要同时进行速度方面的训练，结合速度练习提高自己的力量素质，这样才能取得理想的力量训练效果。

（4）运动员要按照既定的训练计划按部就班地进行力量训练，不能急于求成，否则难以实现理想的力量训练效果。

二、速度训练特点

通过细致地分析游泳运动员的速度训练情况，我们可以清晰地发现运动员的速度素质训练主要包括动作速度训练、反应速度训练及最快速度训练等几个部分，这几个方面的训练都非常重要，需要引起重视。在运动员的速度训练中，对于游泳运动而言，反应速度非常重要，这对于运动员运动成绩的获得具有非常重要的意义。但需要注意的是，这种能力的获得在一定程度上来自遗传。因此，在选择运动员时应注意这一点。

三、耐力训练特点

游泳属于一项有氧与无氧混合耐力运动，加强运动员的耐力素质训练非常重要。一般情况下，运动员在 15 岁之前的耐力发展是非常缓慢的，而在 15 岁之后开始逐渐提升。在青少年时期，运动员的耐力训练一般比较困难，经过一段时期的训练或成年之后，运动员的耐力水平就会变得十分稳定。

游泳运动员的耐力训练特点主要体现在以下几个方面：

（1）运动员的耐力训练不是盲目的，需要严格遵循既定的训练计划进行，要以促进运动员机体代谢能力提升为主。

（2）训练的过程中，无氧训练的强度要适当，不能盲目增加，否则就容易给机体带来一定的负担，不利于身体机能的恢复。

（3）运动员要在均匀速度下进行耐力素质的训练，多采用重复训练的手段进行。

（4）为提高运动员参加训练的积极性，可以多采用游戏性的训练手段以增加趣味性。

第三节　游泳训练适应理论

训练的形式不同或采用不同的方法进行训练，就会产生不同的生理适应，如在短距离速度冲刺训练中，高强度的负荷作用于肌肉，肌肉在负荷刺激下活动就像要将很重的东西提起一样。在长距离耐力训练中，耐力负荷长时间作用于肌肉，采用单一的训练形式或方法提高速度与耐力是不容易的，而且有些训练也会限制速度与耐力的发展。运动训练过程中本身就会有很多限制因素，而且有些限制因素已经被证明不管如何将其置于训练环境中都会阻碍训练的顺利进行，很难有转机。确定运动训练中的确定限制因素、非确定限制因素或非限定因素后，教练员与运动员会更清楚哪些因素对训练更重要，要重点挖掘与发挥哪些因素的积极作用。

任何一种训练方法都融入了专项刺激和适应，不同训练方法对机体造成的刺激以及引起的机体适应是不同的。以最大力量训练为例来说明，要使肌肉变得更有力量，就要加强力量训练，但这种训练对提高肌肉收缩速度和耐力基本没有效果。游泳训练中也能体现这一原理。游泳训练根据游泳距离长短的不同，可以分为长距离游泳训练和短距离游泳训练，不同距离的游泳训练采用不同的训练方法，侧重点自然也不同，短距离游泳训练以强度训练为主，长距离游泳训练以耐力训练为主。一般来说，在一个完整的训练计划中，不管是长距离项目的游泳运动员还是短距离项目的游泳运动员，既要进行长距离耐力训练，也要进行短距离强度训练，这看似违背了专项训练原则，但因为很多游泳运动员在比赛中都不是只报名参加一个项目的比赛，而是同时报名参加几个项目，所以既要训练强度，也要训练耐力。

在游泳训练中，一定强度的刺激作用于机体，所引起的机体适应包括局部适应和全身适应两种类型，如长跑、游泳、骑自行车等耐力运动能够促进机体整个心血管系统功能的增强，但长跑、骑自行车等项目不会使有关游泳的神经肌肉耐受力得到提升。

一、一般适应模式

在机体的一般适应模式中，将一定强度的刺激作用于机体，机体对该刺激的适应一般会经历下面几个阶段。

（一）警觉阶段

外界刺激作用于机体，机体最开始的反应就是警觉反应，这时机体的应激能力还比较弱，如果给机体施加的是很强的刺激，那么将可能引起严重的后果。

（二）抵抗阶段

如果作用于机体的刺激的程度与机体的适应能力是旗鼓相当的，那么机体将继续应激，身体不再是被动的警觉状态，人的应激能力会不断提升，甚至比正常值还高。

（三）耗竭阶段

机体长期受到同样的刺激，机体对这种刺激的适应能力越来越强，当最终适应结束时，机体再次进入警觉状态，但与初步反应的警觉状态不同，这时的警觉具有不可逆性，严重情况下会有生命危险。

二、两种常见适应模式

在一般适应模式的基础上，雅克夫列夫和康希尔曼（Yakovlev & Counsilman）又分别提出了两种适应模式，前者提出超量补偿适应模式，后者提出高级适应模式。这两种模式是在一般模式的基础上提出的，所以它们有相似之处。但和一般适应模式的区别是，这两种模式提出了机体适应过程中训练所起到的作用。

（一）超量补偿适应模式

一般适应模式中的基础理论均得到了上述两种模式的认可，即机体对物理负荷的第一反应与对外界刺激的初步反应具有一致性，这种反应的主要表现形式是身体工作能力降低，出现疲劳症状。但雅克夫列夫提出的超量补偿适应模式与一般适应模式及康希尔曼提出的高级适应模式在适应的发生时间和机体恢复上有不同的观点。雅克夫列夫指出，将一定的负荷或刺激作用于机体，当这些外部刺激离开机体后，机体才会出现适应性反应，才会增加应激。而且机体疲劳得到良好的恢复效果后，超量补偿就会形成，这时机体的工作能力比原来还要强。而要达到超量补偿的效果，就要不停地增加负荷刺激强度，否则不仅不会出现超量补偿，还会使机体工作能力下降，影响机体的适应能力。从该理论中可以得出结论，适应的产生是有序的，是有负荷—无负荷—加大负荷—无负荷的循环过程，这是所谓的机体恢复的"理想模式"。客观来看，如果用雅克夫列夫提出的超量补偿适应模式来解释运动训练过程中运动员的机体变化，就会显得运动训练过程太简单，而且该模式本身就存在一些不恰当的地方。但这个模式也有它的价值与重要性，即强调机体恢复的重要性，启发运动员在训练过程中要适当休息，在出现疲劳后要及时采取有效方法来消除疲劳，提高身体机能水平。

在国外关于运动训练的研究文献中，雅克夫列夫提出的超量补偿模式得到了广泛应用。这里要简单解释基于这个模式而形成的训练方法。雅克夫列夫在研究单一负荷的基础上建立了超量补偿模式。着重对身体某方面能力进行训练与培养的负荷就是单一负荷，专项训练只是对训练部位的机能产生了影响，而没有影响其他方面的能力。基于该模式而形成的训练方法大都具有专项性，即重点训练与改善某一方面的素质或机能，训练方法的综合作用不强，但专项价值很高。

（二）高级适应模式

雅克夫列夫的超量补偿模式适合运用于单一训练方法中，但游泳训练中综合训练方法有很多，采用一种训练方法对几种能力同时进行训练，以提高训练的综合效果。采用综合性的训练方法可以累积负荷。康希尔曼基于"负荷+负荷"的理论而提出高级适应模式。在游泳训练尤其是长距离游泳项目的训练中，运动员和教练员经常要思考负荷训练中安排多大的负荷可以最大化地提高耐力？运动员的机体能承受什么程度的负荷与疲劳？出现疲劳症状后要继续增加负荷量坚持训练还是暂停训练来休息？身体在完全没有疲劳的状态下进行训练和在轻度疲劳状态下进行训练哪种效果好等问题。

三、训练适应模式下的训练效果

（一）正向和反向效果

在游泳训练中，将不同运动负荷的训练有机结合起来，如果结合得当，将产生正向效果；如果结合欠妥，那么将产生反向效果。不同运动负荷在各种训练中都会产生这样或那样的作用，而且负荷本身也是相互影响和相互产生作用的。有的负荷之间相互产生的是正向效果，而有的负荷之间相互产生的是反向效果。

如果经过一次训练产生了一定的效果，以此为基础而增加训练负荷，那么可能会产生积极影响，也可能会产生消极影响。如果某次训练结束后身体保持良好的状态，那么再增加负荷继续训练将会产生正向的累积效果，而如果训练结束后身体处于不良状态，这时不但不休息，反倒继续进行大负荷训练，那么将会产生消极的负面作用，而且会影响身心健康。在游泳速度与耐力训练中，要对神经内分泌的平衡及能源物质的高效储备予以考虑，有氧耐力和无氧耐力训练中的负荷对速度循环训练中的负荷会产生作用，在负荷的累积和能源物质的不断储备中无氧乳酸负荷能够发挥积极的正面作用。

在运动训练中要尽可能将各种有利因素集合起来而取得正向的训练效果。不断累积正向训练效果是训练的主要目标，这样可以保持正向效果的持久作用，持续提高运动员的竞技能力。在游泳训练中，为达到这一效果，就要对训练次序进行合理安排。在游泳力量训练中，先进行最大力量训练，再进行爆发力训练或速度力量训练；在游泳耐力训练中，先进行基本有氧耐力的训练，再进行乳酸耐力训练，最后进行速度乳酸耐力训练。进行无氧耐力训练，要先具备氧耐力的累积条件，倘若缺乏良好的有氧耐力，那么无氧训练将成为徒劳训练，甚至会产生负面作用，影响耐力的提升和身体健康。游泳耐力训练对运动员的力量也有特殊要求，游泳运动员的力量、速度和耐力是密不可分的，因此要将这些训练有机整合起来，正确顺序是先进行最大力量训练，再进行力量耐力训练，然后是速度训练，最后是力量、耐力训练的巩固与加强。如果不按顺序训练，将产生反向训练效果。

需要注意的是，要达到训练的正面效果，就要将多种有效的训练方法有机结合起来，打破单一的训练模式，但在不同时期的训练中要分清训练的主次，要有重点地选取训练方法，而不是方法越多越好。

（二）延迟效果

在长期的游泳训练中，至少要一周以后才能看到延迟效果。有关研究显示，训练后最佳状态来临的时间可能在很长时间以后，在这之前运动员可能会面临身体疲劳长期得不到充分恢复和机体工作能力降低的现象。高原训练能够充分反映出这一规律。在高原环境中进行训练，刚开始可能会影响机体工作能力，但回到正常的训练环境后，身体机能水平就会提升到比初始水平还要高的程度。一般要以运动员的训练能力为依据而选择可以取得良好延迟效果的训练方法，而且教练员要根据运动员训练水平的变化调整训练负荷，使运动员更好地适应训练负荷，提高身体机能水平和延迟训练效果。

（三）累积效果

多次训练后产生的效果就是累积效果。累积效果是通过多次训练对机体产生的影响，这种影响是逐渐加强的。

第四节　游泳教学原则

一、优先训练原则

优先训练原则是指在游泳训练过程中，应将技术训练放在前面，在运动员精神状态较佳的时候进行技术训练。

二、较短距离训练原则

较短距离训练原则是指采用较短的距离进行训练，一般采用 25 米、50 米的短距离来进行。

三、重心稳定原则

重心稳定原则是指在训练中努力使运动员在游泳中保持身体重心的稳定性。

四、合理节奏原则

合理节奏原则是指运动员在训练中要对合理、正确的动作节奏予以掌握，并能控制好节奏。

五、充分伸展原则

充分伸展原则是指运动员在游泳时应保持动作的充分伸展性，身体各部位充分伸展，保持一条直线。

六、保持流线型原则

保持流线型原则是指在游泳训练中始终强调运动员保持较好的流线型身体姿势。

七、发展平衡能力原则

发展平衡能力原则是指将平衡力训练和技术训练有机结合起来，在平衡力训练中要注重水中平衡力的训练。

第二章　我国高校游泳教学改革现状

第一节　我国高校游泳教学改革困境

一、游泳教学在高校中得不到重视

在部分高校中，游泳课是一节可有可无的课程，受到学生和教师的轻视，致使师生对于游泳教学工作墨守成规，这让很多的高校游泳专业教师工作寸步难行，为我国高校的游泳教学设置了障碍。

二、游泳教师教学能力相对较弱

随着社会的快速发展，行业竞争加剧，社会对高校培养的人才提出了新的要求。自全民健身上升到国家战略，高校游泳教学改革继续深入，对高质量地实现游泳教学目标和任务提出了更高的要求。游泳专业教师在高校游泳教学活动中产生了重要影响，其自身的综合素养直接决定了游泳教学的质量。现如今，我国高校游泳专业教师存在两方面的短板：一方面是知识体系不完善，这主要表现在游泳专业教师专业知识和运动水平较高，但对其他学科知识涉猎较少，整体文化素质不高，这显然不能满足现代高校游泳教学的需要，严重影响了游泳教学效果，不利于促进学生全面发展；另一方面是教学能力较弱，这主要表现在游泳专业教师对课堂管理、口头表达能力、游泳教学方案设计、观察学生能力和科研能力等方面。上述因素是游泳专业教师自身所必备的能力，缺一不可，否则会对游泳教学效率产生影响。一些游泳专业教师虽然专业知识和运动水平较高，但在游泳教学中却无法将自身的想法转化成有效的语言传递给学生，这就是游泳专业教师教学能力较弱的一个方面。

三、游泳教师学历和职称有待提升

教师学历和职称是衡量教师能力的重要维度，其在很大程度上决定着教师的专业技能水平与文化理论水平，并能够间接反映出教师教学、科研及训练水平的高低。首先，就学历方面而言，近年来各高校纷纷加大对高学历教师人才的引进力度，教师整体学历水平有所提高，目前已初步形成以硕士研究生为骨干，以本科为基础的教师梯队。部分省市已经将游泳专业教师的学历水平提升到硕士研究生学历，但博士研究生学历偏少，使得理论研究方面处于劣势。虽然也有部分教师选择了边工作边深造，努力提高自身学历水平，但短时间内不会对教师总体学历结构产生太大的影响。其次，就职称方面而言，职称以讲师和助教为主，而副教授及教授级别的高级教师很少，这样的职称结构显然不利于高质量体育人才的培养。特别是在新背景下随着高校游泳教学改革的深入推进，原有的教师职称结构已经无法满足游泳教学事业的发展需求，亟须培养一批具有高职称、高教龄且热爱游泳事业的高素质教师人才。

四、游泳教师缺乏科研与培训的参与

科研与教学相辅相成，科研能力的高低，对本专业、本学科的发展有着决定性的影响。目前，立足教学搞科研已成为许多大学教师的一种共识，也是教师职业发展的一个重要途径。

但是经调查发现，与其他专业教师相比，游泳专业教师的论文发表情况并不理想，这反映了高校游泳专业教师的科研水平比较落后。

培训是提升教师专业素质水平的重要途径，同时也是教师了解国际游泳发展形势的重要窗口。根据调查统计结果，所有教师均有过培训经历，但参加专业培训的次数少之又少。高校针对体育培训的资源也比较匮乏，所以游泳专业教师在课堂上一味追求学生的动作教学，而对系统、专业的体育理论教学缺乏专业性的指导，这严重影响了游泳教学质量的整体提高。游泳是一项快速发展的运动，教师只有不断加强与外界的学习和交流，才能掌握游泳专业的最新教学理论，紧跟时代发展的步伐。因此，高校有必要为游泳专业教师提供更多的培训机会，比如，组织教师定期参加体育协会高校委员会开办的短期培训班，或者加强校际教师之间的沟通学习，交流教学经验与心得，以促进教师专业水平的不断提升，满足游泳教学事业的发展需求。

五、游泳教学管理目标不明确

现如今我国高校游泳专业教师普遍存在一个错误的观点，就是只要让学生不断练习，通过不断练习就能够有效提高学生的体育能力，即大多数高校都将教学目标局限于课堂框架之内，教师教学的重点在于动作的基本技术和技能。采用这种教学方法进行高校游泳教学存在着非常大的弊端，虽然从表面上来看学生的游泳能力得到了一定程度的提高，但是其也将学生的体育思维束缚住了。除此之外，现如今我国绝大多数高校游泳专业教师都没有制定一个明确的教学目标，进行课堂教学的主要目的就是提高学生的体育能力来应付考试，在教学的过程中主要是传授完一定的内容之后就让学生自由活动，进而导致高校游泳教学效率和教学质量均不理想，高校学生能力也无法得到真正的提高，严重影响到高校学生的未来发展。

六、游泳教学理念和教学目标不一致

游泳专业教师的教学理念与教学目标是否吻合，对游泳教学质量产生至关重要的影响。目前，各高校制定的游泳教学目标无外乎以下几点：一是了解体育各项技能的起源与发展；二是掌握体育动作的基本技术及套路动作；三是具备一定的体育分析与鉴赏能力；四是在体育学习中提升个人修养与品质；五是养成体育的终身学习习惯。大部分高校游泳教学理念中更多的是注重对学生动作的教条指导，对理论课程无法做到深入讲解，学生无法体验到游泳的精髓，更不用说提升学生的个人修养了，长此以往，学生对游泳专业失去了学习兴趣，因此就出现了高校游泳教学理念与教学目标具有较大差异性的情况。

七、游泳教学方法陈旧

游泳教学方法的运用应考虑到多种游泳教学要素，不能只使用一种教学方法，这样置学生身体条件和其他要素于不顾，显然是对游泳教学的不负责任，更不可能实现游泳教学目标。教学方法是游泳专业教师的使用对象，虽然国家对高校游泳教学进行了大力改革，但我国高校游泳专业教师依然没有更新教学方法，仍然采用陈旧的示范和"填鸭式"的教学方法，教师和学生没有形成良好的互动循环，游泳专业教师支配和控制着游泳课堂，学生必须按照教师的命令和安排完成游泳练习，学生没有思考和理解的时间，被动地照做，从而限制了学生的想象力和创造力，不利于提高学生对游泳课的兴趣。整个游泳课堂显得枯燥，死气沉沉，绝大多数时间是教师在讲解；然后，学生练习；最后，总结，下课。这样的过程学生总是处于被动一方，没有参与感，完全体会不到上游泳课的快乐，学生的学习主体地位被忽略。

八、游泳教学理念偏离

从长期的发展过程来看，我国高校游泳教学存在认识上的偏离，主要表现在对游泳本质及功能的理解不足，主观意识上把高校游泳当成一种体育训练或比赛，培养的目的是向专业化游泳人才发展，而忽视了普通学生对体育能力的基本需求。同时高校游泳教学认为竞技是学校体育发展的根本，制约了高校游泳教学的发展。

九、游泳教学内容过于简化

游泳课程及项目的设置是为了提高学生的身体素质，而现阶段各高校游泳课程及项目内容的选择过于简单，学校考虑的是课程设置较多会给游泳专业教师带来工作压力，进而引发体育师资力量与课程设置不协调，同时也容易引发学生的运动损伤，因此高校对游泳课程设置过于简化，这不利于学生锻炼身体，更影响了对游泳的学习。

十、高校游泳教育深度不足

高校游泳教学发展，是一项长效化教育管理目标。因此，在教学内容方面，应尽可能地保证游泳教学专业化水平。部分地区高校游泳课程的开展，仍采用传统的教育管理策略，未能从根本上加强教育深度，游泳教学安排也仅限于表面工作，导致游泳教学工作形式化严重，无法保障游泳教学质量，游泳教学考核的安排也不符合科学标准，严重影响了高校游泳教学质量，使高校游泳教学改革失去了本质意义。

第二节　我国高校游泳教学改革内容

一、优化教学环境

游泳教学不同于其他科目的教学，这一教学内容的开展离不开一定规模的场地，这一课程不能够纸上谈兵，必须要在游泳实践中让学生学到一定的专业知识。优质的教学环境对于游泳教学活动来说是大有益处的，不仅会提高学生对于游泳课程的积极性，从整个高校的教学质量上来看，也起到了其他措施所不能比的效果。高校开展大规模招生的政策，这对于游泳教学场地环境来说是非常具有挑战性的，在这种情况下，高校更应该重视体育场地的建设。

完善的设备、良好的场地是开展游泳课程教学的基础，同时对教师的授课热情、学生的学习积极性也都有重要的影响。高校可以从以下方面采取改进措施。

（1）高校应对游泳教学的场地、设施进行投资和改善，做到场地宽敞，设备功能完好，最好是配备大空间游泳教学教室，这不仅有利于学生展示自己的学习成果，也有利于激发学生的学习热情，让学生在心理上产生渴望展示、渴望交流的情绪。

（2）高校要对游泳场地、设施进行定期维护，确保设施完好，避免师生在教与学的过程中出现意外损伤。

（3）对于场地、设施的资金投入，高校可以在申请上级部门拨付资金的同时，积极吸引社会资金，利用体育协会的比赛活动吸引社会团体加入，利用比赛的门票收入对设施进行改善。

二、转变教学理念

为适应高校游泳教学发展的需要，各高校要转变游泳专业教师的教学理念，从体育基础理论教学入手向终身体育学习进行转变。教学中游泳专业教师首先要更新自己的理念和认识，并向学生传导身体锻炼的重要性，帮助学生开展游泳运动的学习，同时注重学生身心健康的发展，强化心理辅导和意志品质培养，从而促进学生体育运动的多元化发展。

同时，高校游泳专业教师自身素质的提升也十分重要，应从以下几个方面着手：首先，提升自身的体育素质与心理素质，丰富自己的文化内涵和授课水平，只有这样才能更好地开展教学活动和教学改革；其次，开展科研体育学习，拓宽自己的知识结构，使得教师在教学中能够有的放矢地开展改革，提高体育的科研能力；最后，参与多种游泳教学活动，如国际交流项目、进修培训、体育项目教学研讨、游泳教学管理等，提高教师的管理水平，拓宽游泳教学视野。

三、优化教学内容

高校的体育教学主要是"重技术，轻理论"，要注重学生理论和实践技能相结合，在理论课中增设身体素质训练方法、运动员心理训练、运动与健康、运动损伤等教学内容；实践教学内容除了抓技术，可以增设比赛视频的观看与讲解、教学实习等；技能教学要培养学生教学训练能力、裁判编排、教练员素养等。通过增设教学内容不仅可以提高学生的运动兴趣与积极性，也可以培养学生"终身体育"的意识；教学实践系统化可以提高学生技能、战术的掌握，以及在比赛中灵活贯彻技能、战术；技能教学内容可以开发教学思维，提高教学训练水平，开展体育活动等。游泳教学中教师要因材施教，体现学生的个体差异性。

四、建立完善的绩效考评制度

我国普通高校应当结合自身的实际情况，在游泳教学管理制度中建立一套完善的绩效考评制度。在绩效考评制度中，考核指标应当将游泳专业教师的全部工作情况包含在内，借此有效保证考核的公平性和全面性。同时高校应当将考核结果和游泳专业教师的薪资、职称评定等多方面内容关联在一起，对于工作表现良好的游泳专业教师予以加薪、职称评定优先等多方面奖励，对于工作表现不佳的游泳专业教师予以惩罚,借此有效激发游泳专业教师的工作积极性，提高他们的工作效率和工作质量。而且还能够在高校内部营造出一种良好的竞争氛围，有效提高高校游泳教学质量。

同时，在高校中，学校非常重视学生对于教学工作的评价及对教师的教学评价，而建立适当的考核评价方式就理所当然地成为提高高校游泳教学水平的重要因素。首先，针对考核的对象要进行全面评价，这与之前的单一评价不同，这种科学有效的教学评价能够在很大程度上给游泳教学工作提供指导和发展方向。其次，对于学生的考核评价方式也必须要发生改变，教师对于学生的教学考核不应该只看学生的考试成绩，而是要多方面考虑，将体育身体素质的标准化作为学生考核的主要方式,这种公平的方式避免了学生之间存在的先天差异，对学生来说也起到了一定的积极作用。

第三节　以"重健身轻竞技"为目标的游泳教学改革

一、竞技体育与健身运动

（一）竞技体育

竞技体育即竞技运动，是体育的重要内容之一，它是以竞赛作为主要表现形式，以争取更好的成绩或打败对手获取胜利为目的的活动。其核心在"竞技"，具有以下几个特点：

（1）追求更高层次的成绩：充分调动运动员的体能、心理、智力等潜力。

（2）高激烈的竞争和对抗：参加的运动员都是拥有强大实力或高超技艺的人。

（3）具有娱乐表演性：许多比赛往往拥有特别具娱乐的表演画面。

（4）具有强烈的观赏性：越来越成熟和规范的竞技体育，吸引了越来越多的人去关注和观赏。

（二）健身运动

健身运动是指运用科学的动作方式和方法进行锻炼，以改善身体状况，增强身体素质为目标，是一种反损害身体的"超极限"运动。它强调的是"使身体动起来",运动的方式多种多样,既有专门的成熟的健美操,也有兴起的瑜伽等,它可以以各种形式开展,它的目的是更好地获得身体健康,改善身体素质,塑造形体美,不过分注重成绩,它是人们体育活动中非常重要的组成部分。

二、竞技教学模式与健身教学模式的内涵

所谓竞技教学模式是指:在学习体育技能、生理解剖、保健知识、体育竞赛、体育鉴赏等知识基础上,学生可以在田径、球类、体操、健美操、游泳等竞技项目中选项学习。这一模式实质上是以竞技运动为手段,以身心健康为目的的课程模式。相对应的健身教学模式的内涵为:在学习相关理论知识的基础上,学生学习经过改造的和简化的竞技运动项目,或者在武术、太极拳(或初级拳)、大众健身操、游泳等各种非竞技的以有氧锻炼为主的健身运动项目中选项学习。这一模式强调的是注重学习者的体验、参与或康复。随着高校游泳教学改革的进一步深入,在高校游泳教学过程中采用"双轨制"教学模式,即竞技教学模式和健身教学模式,更符合高校游泳教学的实际状况,也更有利于课程目标的达成。

三、竞技教学模式与健身教学模式两者之间的关系

在这两种课程模式的教学中都要重视体育行为的能力培养,提高学生的自我锻炼能力、自我评价能力、人际交往和社会活动能力。健身教学模式是以身体活动为前提的,可以是自然的动作,也可以是非自然的动作。如某一项运动项目——篮球,它可以作为增强体质的健康媒介,我们注重其健身性的同时也不可以忽略它的纯技术性。相反,健身运动项目也可以为竞技活动服务。例如,交谊舞、健身跑、中小强度的运动项目,完全可以作为竞技运动的准备活动。另外,学生在教学模式的选项时,完全可以采取自主选项的原则,不能因为选项问题给学生造成心理上的负担。基础一般的学生可以选竞技教学模式,较好的学生可以同时参与健身教学模式。在实施的过程中,针对学生的技能发展状况,在教师的协调下,教学模式还可以进行再次调整。

健身教学模式与竞技教学模式既有联系，又有本质的区别，具体表现在以下几个方面：

（一）方法不同

竞技教学模式常用方法有讲解、示范、分解完整练习、纠正错误动作等，什么时候、什么地方采用何种方法是围绕运动技能的掌握程度来确定的；健身教学模式常用方法，除了运动锻炼法，还包括非运动锻炼，如阳光、空气、水、卫生措施、合理的作息制度、科学的营养配方等，什么时候、什么情况采用何种方法是依个体的健康目标而定的。

（二）内容不同

竞技教学模式解决"教什么"，健身教学模式解决"用什么"来锻炼身体，增强体质。例如，跳跃是大多数人都会的身体活动方式，但是"单足起跳，跨越高度障碍"的规则，使得跳高动作和自然跳跃的动作发生了分化，再加上"高者获胜"的规则，强化一切为"高"的技术要求，因此，跳高才会从跨越式、剪式、俯卧式发展为至今最流行的背越式跳高技术。而如果以跳跃的方式进行健身活动，其要求会变为无论单双足、以恒定节奏连续跳跃，与动作技巧关系不大，如何跳得更高的技术变得不重要了。

（三）解决的主要矛盾和追求的效果不同

竞技教学模式强调"会不会"，追求的效果是提高运动技术水平；健身教学模式强调"能不能"，追求的效果是体质增强的程度。

（四）特征不同

竞技运动模式既强调运动技能的发展，又强调体能的发展。动作的完成和运用是它的终极目标，具有显著特征。身体机能的发展以适应竞赛的规则要求为前提，它更注重动作的精神性和合理性，蕴藏着"高效"和"节能"的内涵，健身教学模式以改善身体状况，增强身体素质为目标，反对超负荷的极限身体运动，它强调的是"使身体动起来"，运动的方式多种多样，气氛相对轻松、愉悦，也具有一定的娱乐特征。

四、高校游泳教学以"重健身轻竞技"为目标的改革方法

（一）转变教育观念

要坚持学生的主体地位，要让广大学生对游泳教育的观念从重视体育技能训练转变成德智体美劳全面发展，大力宣传游泳教学的重要性，让学生对游泳教学的态度从漠不关心、不感兴趣到热情主动地参与到游泳教学中来，要让学生树立终身体育的理念。高校游泳专业教师也要转变教学理念，由传统的重技能理念转变为重理论知识，从而指导大学生树立科学的终身体育运动意识。

（二）改革教材体系

1.增加理论课时的比例

目前游泳教学大纲中，体育理论课时数太少，应适当地增加一定比例的理论课，可以扩大学生的知识面，加深对游泳教育的理解，掌握身体锻炼的原则、方法，以及体育锻炼的卫生健康知识，为终身体育锻炼打下良好的基础。

2.精简教材内容

现在高校游泳教学，一个重要的目的就是为了增强体质、增进健康。现行高校公共体育教材体系面面俱到，贪多求广，不符合游泳教学培养目标的需要，这种教材体系看似学生学习了许多知识、技能，但实际上什么项目都没学好，不能形成对某一项目的特别兴趣，更谈不上形成锻炼习惯，终身体育也就成了一句空话。因此，精简教材、减少竞技体育内容、增加强身健体的方法，让学生在有限的游泳教学时间内掌握体育技能，并对某一项目形成长期锻炼的习惯，是实现终身体育的重要途径。

（三）调整课程设置和教学内容

1.加强健身方法教授

游泳理论教学应该建立自己的知识体系，该体系可以包括体育社会人文学、运动人体科学和健康教育等，既使学生明白体育健身的科学原理，又教会学生正确的健身方法，这是高等学校游泳教学的最终目的。

2.扭转重技术的旧模式

在教学内容方面要设置学生感兴趣的内容，抛弃那些枯燥无味的项目，培养学生对游泳的兴趣，使学生养成自觉锻炼身体的习惯，获得终身体育和终身

受益的能力储备，从而自觉地运用课堂上所掌握的体育知识和健身方法，指导课外的体育锻炼，达到终身受益的目的。如科学地精减教学内容，不再重复讲过多次的教学内容，而让学生广泛选择自己喜欢的项目。

3.注重"三自"能力的培养

科学研究表明，人体发育同运动技能的培养是紧密相关的，而动作技术的中枢机制同思维智力机制在神经网络层次上是融为一体的。由此看来，游泳运动不仅影响到人的体格发育，而且对一个人的智力发展有着积极的促进作用。经常的、自觉的游泳运动锻炼对于发展学生身体、提高智力水平是至关重要的。所以，我们在教学中必须要注重学生"三自"能力的培养，即"自我锻炼、自我监督、自我评价"能力。大学生不可能永远在教师的指导下锻炼身体，只有培养和提高他们的"三自"能力，才能使他们在人生的各个不同阶段都做到坚持锻炼，保持健康体魄，达到终身受益的目的。

（四）加强师资培训，优化队伍结构

首先，教师是知识的传播者和学生的指导者，是素质教育的具体执行者。游泳教学部门首先建立完善的教师培训机制，对现有的青年教师采取"走出去、请进来"的方式，利用组织观摩、进修、短期培训等多种形式，提高其业务能力；利用高校的资源优势提高其外语和计算机水平，并熟练掌握多媒体电化教学手段，以适应教育发展的需要。其次，加强体育系学术梯队的建设，培养教学骨干，提高科研水平，逐步建立一支结构合理、年龄适中、业务能力强、思想素质高的教师队伍。最后，将根据高校游泳教学的任务，努力培养和发展教学、训练、科研各方面的人才，建构集教学、训练、科研于一体的综合教师结构体系。

（五）改革教学评价体系

因为传统的评价体系过于偏重竞技性，所以在当前大学游泳教学改革的背景与要求之下，必须更新与完善教学评价体系。要明确游泳教学考核是衡量游泳教学成果的重要体现，同时更是促进学生长期坚持体育锻炼的手段与方法。所以在这样的要求之下，考核的内容与标准更应该倾向于对学生的锻炼目的。公平评估学生的游泳成绩，使得学生无论在身体上还是心理上都可以得到公平对待。改变其过分重视竞技化的部分，将健康理论融入其中。比如，可以适当增加理论知识考试作为重点，并且将终身体育锻炼的理念融入考核之中。还可以注重考查学生的游泳能力，分析学生是否掌握了游泳锻炼的方法，为学生的身体健康发展提供帮助。在进行体育考核体系制定过程中，还可以采取分层考核的方法，对学生进行分等级的考核与测评。允许个体差异的存在且尊重差异性。在未来的发展过程中，重视学生强健体魄的训练，进而将重视健康教育的理念融入高校游泳教学改革中。

（六）加强安全教育

在游泳运动中由于动作幅度程度不一，安全事故时有发生，教师要给学生灌输安全知识，要让学生明白安全的重要性。进行游泳锻炼之前教师要带领学生做好热身运动，同时为学生科学、规范地讲解动作要领。在锻炼的过程中最好能让学生由简单到难有一个过渡，在完成游泳教学的同时保证学生的安全。另外，还需要游泳专业教师有一定的医学常识，在学生受伤的第一时间能够处理得当，避免二次事故的发生或由于处理不及时而影响学生的身体恢复。

第三章 我国高校游泳教学模式改革创新

第一节 游泳教学模式理论概述

一、游泳教学模式的概念

（一）游泳教学模式的定义

关于游泳教学模式的概念，我国诸多专家与学者都提出了各自的观点，较具代表性的有以下几种。

方建新、俞小珍认为，游泳教学模式是在一定的游泳教学思想指导下，具有一定典型意义而相对稳定的课堂教学结构。它是一种可遵循的标准样式和标准结构。杨楠认为，游泳教学模式是体现某种教学思想或规律的体育活动的策略和方式，它包括相对稳定的教学群体和教材、相对独特的教学过程和相应的教学方法体系。

（二）游泳教学模式概念的界定

由于游泳教学模式的概念还没有统一起来，因此，这里就将上述观点进行分析、归纳和总结，最终将游泳教学模式的概念界定义为：具有特定的游泳教学思想，用以完成游泳教学单元目标而设计的相对稳定的教学程序。

二、游泳教学模式的构成要素

游泳教学模式的构成要素有很多，这些要素之间相互联系、相互影响，其中某个构成要素会对其他构成要素以及游泳教学模式的整体都产生相应的影响。游泳教学模式的构成要素中，较为主要的有以下几个方面。

（一）教学思想

游泳教学模式的众多构成要素中，游泳教学思想处于思想基础地位。具体来说，即游泳教学模式的成功构建是在一定的科学理论知识指导下进行的。同时，在不同理论的指导下所构建的游泳教学模式也存在着较大的差异。

（二）教学目标

游泳教学目标在游泳教学模式中也是非常重要的，其意义主要体现在游泳教学质量的提高方面。通常情况下，一个合理、准确的教学目标能引领游泳教学正确的发展方向。科学构建游泳教学模式，在游泳课堂上合理选用教学模式以及着手对教学模式的改革创新，目的都是顺利推进教学计划，实现预期的教学目标，达到良好的教学效果。倘若教学目标不明确或者教学目标不现实，那么游泳教学模式的构建与实施将毫无意义，而且也没有必要进行教学模式的革新。如果缺少游泳教学目标，那么游泳教学模式也就没有存在的价值和必要性了。游泳教学模式的效果如何，主要看学生通过学习有什么变化，游泳专业教师会预先设想这种变化，也就是心中会有一个基本的目标，然后在课堂教学中通过实施游泳教学模式来达到心中的目标，使学生通过每节游泳课的学习都能有所收获，掌握知识，提高技能，增强体质。游泳课堂教学的组织实施不是盲目的，每节课都有一个基本的主题，教师要围绕这个主题来组织课堂教学，该主题的具体表现形式是课堂教学目标。在游泳教学模式中居于核心地位的教学目标因素必然会对其他非核心因素产生巨大的影响。

（三）操作程序

无论什么学科的教学活动，都需要按照各自的操作程序进行，具体来说，就是按照科学合理的步骤进行，这样能使教学活动的顺利开展和教学效果得到有效保证。在游泳教学过程中，教师会合理安排与衔接好每个教学环节，各环节的教学工作不仅在时间上是连贯的，而且内在逻辑也是清晰的，这就体现了游泳教学模式操作程序的合理性。在游泳教学中采用不同的教学模式，需按不同的步骤和程序来开展具体的教学工作，要注意不同教学模式的区别。这里要强调一点，虽然每个教学模式的实施程序基本稳定，但也不能完全不顾教学实际而生搬硬套，要结合实际灵活调整个别环节，否则将无法发挥教学模式的作用。

（四）实现条件

采用任何一种游泳教学模式，都必须通过具体的教学方法和手段来予以落实，在教学模式的操作过程中，各环节都会用到一种或多种教学方法与手段，这样才能保证教学模式的真正落实，而这些具体的教学策略、方法与手段就是游泳教学模式的实现条件，它们也是推进操作程序的具体路径。游泳教学模式的操作程序为游泳专业教师选用教学方法提供了方向，避免了游泳专业教师面对丰富多彩的游泳教学方法而不知如何筛选或盲目筛选的现象。

游泳教学模式的实现条件包含以下内容：

第一，物力条件，具体指游泳教学的基础设施。

第二，人力条件，具体指游泳教学的两大主体，一是教师，二是学生。

第三，动力条件，具体指游泳教学内容、游泳教学空间、游泳教学时间。

（五）评价方式

游泳教学模式的构建、实施、革新都是为实现预期的游泳教学目标而服务的，游泳教学目标分多个层次，选择何种教学模式来进行游泳课堂教学，要视游泳教学目标的层次、类型及具体目标而定。选择不同的教学模式，就要按不同的教学程序来开展各环节的教学工作，且要创造不同的教学条件。为判断游泳教学模式的有效性，须加强对各模式的科学评价，以了解通过采用教学模式而达到的教学效果与预期教学目标之间有哪些差距。在游泳教学模式评价工作的开展中，确认评价标准和选择评价方法是非常重要的两项工作，评价标准与方法的设定与选择要视具体的游泳教学模式而定，不能将一套评价标准或一种评价方法用于对各种游泳教学模式的评价中，否则游泳教学模式的评价结果将会失去可信度，无法说服他人。

三、游泳教学模式的基本特征

（一）整体性特征

在游泳教学过程中，游泳教学模式所涵盖的内容与游泳教学论体系的基本内容是基本相同的，主要包括以下两大方面的内容。

第一，明确规定游泳教学主客体及其他教学因素在游泳教学体系中所处的地位及发挥的作用。

第二，说明哪些因素对游泳教学活动的实施及最终效果有影响，阐释这些影响因素的基本理论及其对教学效果的具体影响，其中比较重要的影响因素有教学物质环境、教学时空环境、师生关系等内隐性的教学因素。

鉴于游泳教学模式的内容与游泳教学论体系的内容存在密切的关系，学术界也常常用"体育微型教学论"来解释游泳教学模式。

游泳教学模式具有整体性特征，该特征要求游泳专业教师在充分考虑以下几个要点的基础上灵活选择最适宜的游泳教学模式，以确保游泳教学的系统性：

第一，游泳教学模式的实施效果受游泳专业教师自身教学素养、学生学习特征及课堂教学内容等多方面因素的影响，全面把握这些影响因素，整体优化这些因素，以发挥积极因素的促进作用，消除消极因素的不利影响。

第二，游泳课堂教学效果的影响因素有主次之分，上面所说的教师自身素养、学生学习特征以及教学内容等因素属于主要因素，除此之外还有一些影响相对较小的次要因素，如气候、教学空间、授课形式等，这些虽然是次要因素，但也不能忽视它们在游泳教学模式实施中产生的影响。游泳专业教师必须综合把握这些因素，并了解主次因素的内在联系及各要素之间的逻辑关系，从而在优化主要因素的基础上优化各次要因素，确保主次因素的衔接性、配合性，从而整体上为游泳教学模式的实践操作提供保障。

需要说明的是，不能将游泳教学模式的整体性特征理解为各种因素、多个环节的简单相加，这些因素之间、各环节之间的内在关系值得深思与探究，要促进各要素的优化组合，有序推进各个环节，使前面工作环节的落实能够为后面环节的实践操作提供便利，实现各环节的有效衔接。

（二）针对性特征

游泳教学模式的建立并不是随意而为的，而是针对一定的事物进行的，所针对的内容主要有以下几点：

第一，某个具体的游泳教学问题；

第二，丰富多彩的游泳教学内容；

第三，个性明显的游泳教学对象；

第四，复杂多样的游泳教学环境等。

27

　　游泳教学模式的针对性特征说明没有一种游泳教学模式是万能的，是可以适用于所有游泳教学的，即使将某种教学模式用于所有游泳课上，而且也按照操作程序一一实践了，但教学效果也可能与预期的目标有差距。不同的游泳教学模式都有自己的独特性，有自己的优势和不足的地方，有适合自己发挥价值的空间，有自己适用的对象和时空范围，只有根据教学实际灵活地选择最合适的教学模式，该模式才能真正在自己的专业领域最大程度地发挥自己的优势，实现自己的真正价值。

　　传统的游泳教学模式中，学生被动学习，甚至是被强制学习，学生的主体性和主体地位不受重视，主观能动性得不到发挥，课堂体验很差，更不可能快乐地投入到游泳课程学习中，最终教学效果与预期的教学目标相差甚远。学生在游泳课上有不愉快的课堂体验，必然影响游泳教学的顺利进行，影响教学目标在预期时间内的实现。为解决这一问题，快乐游泳教学模式应运而生。但不是所有的游泳课都适合采用快乐游泳教学模式来调动课堂气氛，强化学生的快乐体验，这一模式的适用范围是有限的，如果教学内容较为简单，则适合采用该教学模式；如果要教的内容难度大，较为复杂，那么采用该模式反而会弄巧成拙，使学生无法把握重点，影响教学效果。即使是最普通的游泳教学模式，也并非可以用在任何教学内容的实施中，并非可以促进任何教学目标的顺利实现。

　　（三）优效性特征

　　构建游泳教学模式必须遵循一定的理论基础，并要求贯彻一些原则，遵守基本的要求，可见完善模式构建理论对推进模式构建的实践操作具有重要的指导意义。除了要完善相关理论知识外，还要将每一种模式都运用到实践中来检验模式的科学性、有效性，及时发现模式的问题，然后再在科学理论的指导下优化与完善教学模式。只有不断实践、不断完善，才能更好地发挥各种模式的作用，通过实施最优化的教学模式来提高游泳教学效率，减少教学资源的浪费。

　　（四）可操作性特征

　　可操作性是游泳教学模式的基本特征之一，其具体包含以下两个方面的含义。

第一，游泳专业教师可根据教学内容、教学环境、教学对象的特点及其他教学实际情况、教学因素而选择合适的游泳教学模式运用到课堂教学中，可见游泳教学模式是具体可操作的，而非抽象不可操作的。构建游泳教学模式是以基本的教学理论为指导的，其将教学理论转化为可操作的程序，然后在具体教学活动中转变为一个个可具体操作的实践环节，从而推动教学活动的顺利进行。游泳教学模式的实践性很强，可以说是游泳教学实践的一个缩影。游泳教学模式的操作环节是环环相扣的，相邻环节之间的逻辑性非常强，整个模式结构严谨，思维缜密，有效实施各个环节，将操作程序落实到位，可大大增强游泳教学的逻辑性，有条不紊地促进游泳教学的发展。

第二，游泳教学具有特殊性，如影响因素多样化、复杂化，教学活动实践性强，为了避免不受精确控制的众多复杂教学因素对教学活动造成消极影响，有必要构建具有稳定性的教学模式，通过实施教学模式中稳定性强的各个教学环节来落实教学工作，达到预期的教学目标。

（五）简洁概括性特征

游泳教学模式的操作程序是由一个个紧密衔接的教学环节组成的，它与游泳教学活动并不是重叠的，或者说不能将游泳教学模式看成是游泳教学实践活动的"复写"。游泳教学模式和游泳教学活动相比更加简洁明了，概括性很强，而且它仅仅保留了游泳教学活动的主要因素，省去了次要因素，操作起来更为简便。

游泳教学模式可以反映游泳教学活动，而且从理论与实践两个层面上的反映都是具有简明、系统性特征的，可以将其看作是游泳教学理论的浓缩和游泳教学实践的精简形式。开展游泳教学活动，要先明确有哪些具体的操作环节，可以将这些环节联系起来构建教学模式，从而简单明了地开展游泳教学活动。

四、游泳教学模式的功能

（一）简化功能

游泳教学活动的特殊性和复杂性是非常显著的，因此，这就要求人们的思辨和文字的处理方式要合理，同时还需要其他一些简单明了的方式，这样才能使理想的处理效果得到保证。

游泳教学模式首先在结构上是完整的，机制上是系统的，可操作性也是非常强的。相较于抽象的理论来说，游泳教学模式在具体化、简化方面的特征也是较为显著的，与教学实际的贴合程度更高，同时，游泳教学模式还能为游泳专业教师提供基本操作框架，使教师在具体的教学程序方面有更加明确和清晰的认识，因此较容易被教师理解、选用、操作与认可，受到教师的支持和欢迎。

（二）预测功能

游泳教学模式在游泳教学中的实施，所应该具备的重要基础和前提条件为游泳教学活动中的内在规律与逻辑关系，这对于准确地对游泳教学进程和结果做出判断是会产生积极影响的。

通常，游泳教学模式的预测功能体现在以下两方面：

第一，未达到预期的教学目标，则实际与预测存在差距，需要调整教学活动。

第二，达到预期的教学目标，则实际与预测相吻合，证明理论与实践相统一。

（三）解释功能

游泳教学模式的解释与启发功能也是较为显著的，具体来说，就是将较为复杂的现象，通过解释，使其变得通俗易懂、简单明了。

（四）调节与反馈功能

在游泳教学中安排和运用游泳教学模式，所参照的重要依据是具体的教学指导思想、教学条件和教学环境。在实际的运用过程中，如果某一种游泳教学模式没有达到预先制定的教学目标，那么就需要对教学模式操作过程中的各个环节与因素都进行深入分析，将其中的利弊关系分析并提取出来，深入地分析其原因并提出相关对策，从而保证游泳教学活动的科学性与合理性。

第二节　高校游泳常见教学模式分析

一、目标教学模式

（一）目标教学模式的概念

目标教学模式是当今游泳教学中较为常用的模式之一，这一教学模式的核心在于系统的教学目标，它通过从整体上对教学活动进行设计与管理来获取最佳的教学效果。

目标教学模式可以说是一种基于控制论的教学模式，它是在充分考虑游泳教学目标的基础上提出来的。在这一教学模式下，游泳教学系统能通过反馈和控制机制动态地实现预定的教学目标。这一教学模式的重点在于以游泳教学目标为依据。

（二）目标教学模式的运用

随着时代的不断发展，目标教学模式的逻辑关系和形式结构更加复杂，但其也存在缺乏特别的教学策略、强调"双基"等弱点，这就需要游泳专业教师在游泳课程教学过程中能够灵活地运用先进的教育思想与教学策略，形成独具个性的游泳教学风格，然后针对具体的教学实际设计出游泳教学目标群，在此基础上确定游泳教学模式。

二、范例教学模式

（一）范例教学模式的概念

范例教学模式是指教师讲授一组相关知识中最本质与典型的案例，然后引导学生探寻其中的规律，对同类知识进行举例，提升学生自我解决问题的能力。这一模式非常符合"以人为本""个性化"教学理念。

在具体的游泳教学过程中，范例教学模式的利用对于学生快速掌握体育的基本知识、正确理解体育技能具有十分重要的意义，因此得到了不错的发展。

（二）范例教学模式的应用

在具体的游泳教学中，应用范例教学模式需要注意以下几个方面的内容。

第一，分析游泳教学内容的重点与具有普遍性意义的内容，通过范例的探讨，使学生了解应掌握的原理、规律、方法和态度。

第二，分析游泳教学内容的特点，并设计相应的教学手段、教学方式和作业。

第三，分析游泳教学中的问题在全部教学内容中的地位、本课题内容的结构特点和组成课题的各种要素以及各要素之间的重点、难点、层次和联系等。

第四，分析该游泳教学内容对于学生各方面素质发展的意义。

游泳专业教师在运用范例教学模式的过程中，应遵循以下教学程序。

第一，系统地阐明"个"的阶段，即教师以个别事实和个别对象为例，具体地说明事实的本质。

第二，范例性地阐明"类"。教师从对个案的认识出发，通过对个别事例进行归类，并从中探讨"类"似现象。

第三，教师在前面两个阶段的基础上，进一步探讨"类"的背后隐藏的某种规律性的内容。

三、领会式游泳教学模式

（一）领会式游泳教学模式的概念

领会式游泳教学模式强调先尝试、后学习，使学生在尝试中对学习运动技术的重要性有所认识，从而促进学生学习主动性的提高。这一模式主张学生在具体的实践中去发现问题，然后根据问题选择相应的教学方法，能有效激发学生参与游泳教学的积极性。

领会式游泳教学模式的运用中，学生先进行初步体验，体会学习正确动作的必要性，然后教师根据学生实际情况，对教学方法进行正确的选择，从而促使学生产生强烈的学习动机和欲望，进而调动学生学习的积极性，提高学习效率。

在具体的游泳教学实践中，教师可通过组织一些比赛来使学生进行初步体验。但需要注意的是，在最初，受学生运动基础的影响，比赛可能会无法顺利进行，不可避免地出现比赛秩序混乱等现象，游泳专业教师要采取合理的措施与手段解决。

（二）领会式游泳教学模式的运用

在具体的高校游泳教学实践中，运用领会式游泳教学模式需要注意以下两个方面的要求。

（1）在教学过程中应先采用完整教学法，后采用分解教学法，当学生对个别动作都有所掌握后再进行完整教学，从而对学习前后的效果进行比较。

（2）竞赛是教师在运用领会式游泳教学模式进行教学时经常采用的组织形式之一，游泳专业教师一定要在详细了解学生的实际情况基础上，以此为依据组织各种竞赛活动，通常能取得不错的教学效果。

四、快乐式游泳教学模式

（一）快乐式游泳教学模式的概念

快乐式游泳教学模式主要是将体育运动中的无穷乐趣作为游泳教学追求的主要目标。快乐式游泳教学重视每一项运动所包含的不同乐趣，把运动中内在的乐趣作为目的和内容来学习。快乐式游泳教学强调教师重新认识现有的体育教材内容，并对其进行分类，对新的教材体系进行构建，使学生体会不同的乐趣，对体育运动的本质加以掌握，这对促进游泳教学深度的增加是有利的。因此，我国相关专家、学者指出，快乐式游泳教学能够在增强学生身体素质的同时，促使学生养成积极参与体育锻炼的良好习惯，值得大力提倡和推广。

如今，"以人为本"的教学理念深入人心，游泳专业教师在教学过程中要从学生的角度出发，站在学生的立场，重新审视学校体育的价值问题，并重视学生的终身体育意识的培养和健康生活方式、态度的形成，在良好的游泳教学氛围下培养学生的终身体育意识与习惯。

大量的实践表明，快乐式游泳教学模式能有效激发学生学习的积极性，促进学生游泳水平的提升。这一教学模式要求在无运动技术要求的情况下增加练习的时间，从而提高运动技能。此外，这一模式也特别注重感情因素和情感体验的发展，从而能很好地提高学生的心理素质水平。

（二）快乐式游泳教学模式的应用

应用快乐式游泳教学模式需要注意以下几个方面的要求：

（1）游泳专业教师要充分利用自身的优势，不断地改造教学条件和环境。

（2）游泳专业教师不仅要从整体上对教学思路加以重视，还要对单元设计予以足够的关注。

（3）游泳专业教师还要学会采用不同的教学方法营造游泳教学氛围，使学生真正在体育学习的过程中体会乐趣。

（4）游泳专业教师还应不断地变化教学组织形式，激发学生学习的兴趣，满足学生的多种体育需求。

五、成功式游泳教学模式

（一）成功式游泳教学模式的概念

成功式游泳教学模式具体是指通过运用合理的方法与措施，引导学生制订个人学习目标，而且要争取凭借自己的努力实现目标，对其中的成功感进行体会，使学生身心都得到良好发展的一种教学模式。这一模式最主要的价值就在于其可以促进学生学习体育的自信心的提升，促进学生身心的全面发展。

在素质教育背景下，这一教学模式与素质教育相吻合。作为素质教育的重要途径之一，成功式游泳教学模式的主旨是让学生亲身体验到体育学习的乐趣。它重视教师的奖励性，有利于学生认识自己，树立学习的信心。从评价的角度上来说，成功式游泳教学模式的评价特征为激励性评价，激励性评价的标准是个体参照标准，具体来说，就是在技能上以学生的自我纵向比较，在情感上以学生的自我心理体验来评价。这在现代游泳教学中具有十分重要的意义。但值得注意的是，成功式游泳教学模式也存在一定的缺点：对于游泳专业教师综合素质要求较高，并且并不适用于所有的学生。这一点要引起高度重视。

（二）成功式游泳教学模式的应用

在具体的游泳教学实践中，应用成功式游泳教学模式需要注意以下几个方面的要求：

（1）游泳专业教师应努力创造一个和谐、温暖的学习环境。

（2）强调竞争与协同。

（3）运用相对评价与绝对评价相结合的方式。

（4）应让学生多体验成功，但对过程中的失败也并不否认。

（5）充分考虑学生的个性特点实施教学模式，注意学生学习能力的培养。

六、情境式游泳教学模式

（一）情境式游泳教学模式的概念

情境教学这一模式使情感的驱动与纽带作用最大限度地发挥出来。游泳教学创设情境能发挥情感的驱动作用主要由室外的体育活动本身所折射出的活动魅力所决定。利用体育情境能够对逼真的形象进行塑造，能够将学生置于该情境所渲染的美好氛围中，学生能够从中感受客观事物，发挥想象，达到"物我合一"和"物情合一"的境界，同时学生对于教材的情感体验也会逐步加深，从而对游戏活动能够积极主动地参与。

在游泳教学中创设情境能帮助学生发散自己的思维，调动学习的积极性，从而促进学生学习主动性与自觉性的提高，通过创设情境可以优化教学环境，促进学生思维能力的充分发展。除此之外，创设情境还能有效地促进学生审美意识的提升，提高学生欣赏美和鉴赏美的能力。

（二）情境式游泳教学模式的应用

在素质教育背景下，情境式游泳教学模式非常符合当今游泳教育的理念与要求。教师在应用这一模式的过程中要注意对故事性游戏素材的不断更换，选取对学生能够产生深刻影响的素材，以此来提高教学效果。发展到现在，这一教学模式在游泳教学中得到了非常广泛的运用，深受教师和学生的欢迎和喜爱。

第三节　高校游泳信息化教学模式改革创新

一、信息化教学概述

目前，随着人类社会发展速度日益加快，信息技术得到更为广泛的应用，其涉及社会多个领域，对人类生产以及日常生活产生了极大影响，也有助于人类教育事业又好又快发展。基于此，信息化教学已经获得人们广泛认可，要求在最短时间内实现信息化教学，日益带动教育层面的现代化发展，加强教育创新以及变革，从根本上提高我国教育大国地位，并逐渐向着教育强国转移，制定出科学化的战略决策。从中我们可以看到，信息化教学之路任重道远。然而，我国关于信息化教学方面的相关研究依然处于初期萌芽阶段，应从根本上加大研究力度，让更多国民认识到信息化教学所具有的重要性与积极作用，支持国民参与其中，更好地促进信息化教学快速发展。之前的几十年，国外一些地区或者是国际组织已经就教育现状制定出了属于自己的宏观教育政策以及战略性决策，并在一定程度上促进了这些政策与战略决策的顺利落实。

从信息化教学基本概念上进行分析，其时间可以追溯到 20 世纪 90 年代，在美国所提出的"信息高速公路"中，将 IT 教育放到了 21 世纪现代教育的重要位置，作为教育途径其致力于提升教育的质量，美国的该举措纷纷获得世界不同地位相关教育组织的响应与认可。相对美国来说，我国在信息化教学方面的起步较晚，一直到 20 世纪 90 年代后期才逐步引入信息技术，并将信息技术作为教学模式应用到教育领域，该模式通常被国内的相关学者称为"信息化教学"。

我国为了积极响应科教兴国战略，并在信息化国际浪潮当中争取获得领先地位，增强信息化教学水平，实际上从 20 世纪 90 年代起中央政府以及相关教育行政部门就相继出台了大量相关政策法规。此外，教育部、教育行政部门以及各级各类学校等都围绕信息化教学提出了大量形式多样的实践举措，尤其是在课程教育资源应用、教学模式创新、通信技术应用以及教师队伍建设等方面获得了非常瞩目的成就，但是在取得成就的同时也暴露出相关问题。

俗话说，"他山之石，可以攻玉"。面临上述宏观背景，我国教育部门需要根据中国教育发展的经验以及相关教训，系统审视信息化政策，并加强理性思考，深刻总结世界各个国家在宏观政策上的不同之处，为促进我国教育领域信息化发展提供理论基础，增强现实（AR）价值。

就我国信息化教学而言，1989 年，中国正式颁布了《国家教育管理信息系统总体规划纲要》，并在 1993 年，着手建立了中国教育以及科研计算机网。与此同时，经过二十多年的漫长发展，我国也逐步落实了一些信息化教学方面的政策文件，并积极召开全国性的会议，围绕信息化教育展开讨论。从教育实践上进行分析，我国已经加大了资金以及人力、物力方面的投入，致力于提升信息化教学日常建设水平。此外，我国教育领域的相关学者、专家也就信息化教学展开实践分析，进一步丰富了信息化教学的认知。但是，就信息化教学实际构成要素来讲，我国在信息化教学历程上的分析与研究成果相对较少。

随着信息化程度日益加深，其教育建设重点出现了一定程度上的转移，之前的重心在基础设施建设以及人力资源建设方面，但是现在逐渐转移到了教学模式创新与学习方式变革上，并高度重视创新型人才培养。比如，教育部召开的信息工作会议上重点强调，信息技术知识的学习有助于提升学生创新能力与实践能力，在积极开设相关信息技术课程期间，还应强化该课程与其他学习课程的融合发展。再如，《2003—2007 年教育振兴行动计划》中提出，"加强信息技术教育，普及信息技术在各级各类学校教学过程中的应用，为全面提高教学和科研水平提供技术支持"。《信息化教学十年发展规划（2011—2020 年）》中也明确提出了信息化教学的最新发展目标，那就是到 2020 年，显著提升信息技术以及教育之间的融合程度，促使信息化教学水平逐渐接近国际发展水平，充分显现出教育改革的重要支撑以及引领作用。

就信息化管理工作来讲，我国政策层面的关注度相对来说比较弱，实际上从 2010 年起国家开始重点强调，国务院颁布了《国家中长期教育改革和发展规划纲要（2010—2020 年）》，并重视"构建国家教育管理信息系统"模块发展。而且十年规划也进一步将"整合信息资源，提高教育管理现代化水平"看作重要发展任务。

实际上，我国近几十年的信息化教学理论工作以及实践工作都取得了较大发展，成绩斐然，可以说是从无到有以及从弱到强的过程。但是，因我国在整个信息化教学方面的研究工作起步晚，再加上我国属于人口大国，存在严重的资源不均衡劣势，进而造成我国信息化教学实际工作开展期间面临较大挑战。例如，祝智庭在自己的研究文章中就已经强调了，从整体上来看，中国信息化教学实际竞争力并不是很强，甚至还不如巴西，更是落后于日本、韩国以及英国等国家。一个较为突出的表现就是人们对于信息化教学这一概念的认识程度不够，其发展缺乏系统性规划以及顶层性设计。与此同时，信息化教学中的多媒体以及互联网设施利用率低，经济欠发达的一些地方表现更加突出。尽管我国已经为此投入了非常大的资金资源，国家精品课程项目以及视频公开课项目等也逐步上线，出现了诸多基础信息化教学相关资源库，但是实际利用率却不是很理想，共享率也较低，普遍存在"资源孤岛"问题。从信息化教学管理方面进行分析，学校以及地方上的管理存在孤岛化趋势，效率以及效益都需要进一步提升。就信息化教学评价来讲，规划与实践上的评价重视度都相对较低。根据上述情况，我国应该就信息化教学的整个发展历程进行深刻分析与反思，并对其进行总结，有效借鉴其他国家优秀发展经验，增强信息化建设水平。

面对教育全球化以及信息化教学发展背景，信息化教学已经逐渐发展为国家竞争力的重要指标。受到信息化浪潮冲击，怎样更好地使教育这一理念逐渐成为社会发展领航者，而不仅仅扮演追随者角色；怎样使每个学生真正发展为信息时代发展的弄潮儿；怎样增强教师作为教育者以及研究者的国际视野，避免成为知识贩卖者；怎样发挥学校管理人员掌舵作用，避免发展为被动者角色；怎样使国家在之前文化学习的前提下，积极构建全新化的学习文化，值得我们思考。为了更好地应对该挑战，我国应积极开展多层面战略规划，并在实际发展中围绕基本国情，深刻认知信息化教学，有效积累信息化教学相关的理论以及实践案例，为其奠定扎实基础。总而言之，对于信息化教学相关战略的研究，有助于学习型社会构建，对信息化教学理论研究有着较为重要的价值。

从 20 世纪 90 年代一直到现在，教育领域始终提倡的就是信息化教学，将信息化发展作为重要战略举措。与此同时，在社会转型、社会发展信息化以及教育改革等多个发展背景下，信息化教学的发展时间已经超过二十年，并取得了非常显著的成绩。2010 年 7 月提出的《国家中长期教育改革和发展规划纲要（2010—2020 年)》，就我国教育发展事业进行了全面规划，并将信息化教学进程实施单独论述，充分体现出国家在信息化教学方面的重视，之后又颁布《信息化教学十年发展规划（2011—2020 年)》，明确提到信息化教学重要任务的完成程度与国家现代化发展目标的完成息息相关，直接关系到信息化教学体系全面构建。

（一）信息化教学概念

我们首先应该对信息化教学整体概念进行分析，并真正明确信息化教育的定义。20 世纪 90 年代，因信息技术得到飞速发展，从而使信息化教育界定更加的清晰。实际上，信息化教育可以称之为一种教育形态，因其以信息技术作为手段，经过长期发展而成。与此同时，信息化教育还是教育工作的表现形式，属于特殊形式的教育形态。此外，信息化教学还具有属于自己的特色目标，比如，"大数学教育"或者是"大语文教育"都是排除信息化教育外，具有个性化目标的教育形式。

从某种程度上讲，信息化教学目标在于培养高素质的创新型人才，且要满足社会发展要求，进而实现教育跨越化发展，为教育现代化贡献力量。信息化教学需要及时更新教育思想以及教育理念，借助思想的变革指导教育事业，更好地促使网络信息技术全面应用到整个教育领域，而且信息化教学还应该结合人才培养要求，运用科学化的手段，积极探索创新性教学模式和标准化教学资源，增强教育的现代化水平。

信息化教学的实践过程并不是一个简单的过程，不是单纯地将信息技术运用到教学课堂中。从本质上讲，信息化教学是一个逐步转变的过程，更确切地说是思想转变的过程，需要从信息视角出发，对教育系统有一个全面的认识，并加强分析研究的过程。

"信息化教学"概念的出现，可以追溯到20世纪90年代。然而，要想探知"信息化教学"内涵，可以说目前还没有全面且准确的描述。

遵循现代汉语语法提出的原则，名词或形容词在其后加后缀"化"之后就会构成动词，从而导致词性与词意出现某种程度上的变化。"化"加在名词后会发展为一个全新的动词，扩大了名词内涵以及内在作用，从而使其在更大范围或者是更多部门的功能得到充分表现，比如工业化或者是智能化等。整体来看，"信息化"是建立在"信息"以及"化"两者有机结合之上的。具体从两个方面进行分析，一是"信息"作为名词的内涵以及作用得到不断扩大，二是加"化"后的新动词能够使更大范围内的功能得到体现。与此同时，所谓的"信息技术"也可以理解为关于"信息"怎样获取分析以及存储加工的技术，也能够扩展"信息"名词的内涵与功能。从某种程度上讲，"信息化"以及"信息技术化"具有等同概念，只是说信息技术能够在更广领域获得推广应用。

总而言之，"信息化教学"属于"教育"以及"信息化"两者的组合，我们可以对"信息化教学"进行定义，那就是"信息与信息技术在教育、教学领域和教育、教学部门的普遍推广与应用"。

（二）信息化教学的转变

（1）教育思想变革。在一定程度上对"以教师为中心"的思想进行变革，根据目前教育发展趋势，教师在整个教学期间，需要发挥自己的主导作用，注重学生主体地位发挥，遵循主导—主体结合理念。

（2）教学观念改变。传统的教学观念可以总结为传递—接受，为了紧跟教育领域发展步伐，应该坚持有意义的传递—接受的教学思想，并且要高度重视教学期间教师主导下每个学生自主探究观念，在坚持新型教学观念基础上进行有意义传递以及探究学习。

（3）教学方式转变。教学过程中，教师需要对"口授—板书—演示"的传统教学方式进行转变，现阶段提倡的教学方式更加注重对学生进行启迪以及点拨。

（4）学习方式变化。教师需要指导学生进行学习方式层面的改变，也就是将耳听—手记—练习的方式转变为自主—合作—探究方式，客观地讲就是变被动为主动。

（5）课堂教学结构变革。从某种程度上讲，新型教学结构分为两个方面，一个方面是指教师须占据教学主导，另一个方面是指教学过程须突出学生认知主体地位，实现主导主体结合发展。

（三）信息化教学与教育技术

教育技术 AECT94 定义：教学技术是关于学习资源和学习过程的设计、开发、利用、管理和评价的理论和实践。这个定义有意识地把教育技术实际研究范围缩小了，刻意聚焦到教学技术中，而且在相关附加说明当中突出指出借助该名称是为了在一定程度上突破应用范围限制，也就是说教学技术不仅能够应用到教育领域，而且还能够运用到企业训练中。在整个定义中并没有对媒体进行直接性描述，指出现代教育技术逐渐从硬技术过渡到了软技术，其主体技术方法以及方法论。从这个角度分析，没有完全排斥媒体在教育技术中发挥的重要作用，更多的是将其作为学习资源以及学习过程的关键性支撑技术。此外，该定义对教育技术的重要研究对象进行了表述，将其表述为与学习过程及资源相关的理论及其实践问题，在一定程度上对之前教学过程提法进行了变革，充分体现出了教学过程的"学"，认识到学生学习能力在整个学习期间的重要性。具体来说，学习过程是教学中学习人员借助与信息环境之间的作用最终获取知识的过程，而学习资源则是指学习期间所需的信息条件与环境条件。在新教学理论指导下，学生需要从被动者向着主动者转变，应积极主动地实施信息处理，整个过程中，教师只需要提供一定帮助即可。

教育技术 AECT05 定义：教育技术主要是指借助对技术的创建、使用以及管理过程或者是资源，有效促进学习以及改进绩效研究，并且要符合道德要求的实践。

从 AECT94 定义到 AECT05 定义，教育技术在内涵以及外延上都出现了较大变化，借助对其定义的解读，我们能够发现：

1.研究对象出现变化

就"AECT94 定义"进行分析，教育技术在研究对象上主要是指学习过程以及学习资源，就"05 定义"进行分析，其关键点在促进学习以及改进绩效期间的技术性过程与资源，概念宽泛程度上远远不如"94 定义"。此外，后者注重教育技术的回归，实现了技术教育应用扩展，其教育价值观是面向全社会的。

2.研究目的出现变化

"05 定义"中，就教育技术目的进行描述，包括两个方面的内容：

（1）促进学习。从中可以看出，教育技术在实际发展期间更加注重学生自主性发挥。

（2）改进绩效。指出教育技术实际发展中更加强调结果，与此同时还表明技术不仅能够应用到学习上，还能够用于支持工作中。

3.研究范畴出现变化

"05 定义"指出，教育技术研究范畴层面出现缩减，从五个缩减为三个，具体表现为：

（1）实现设计以及开发两者的合并，并命名为创建，也就是为营造良好学习氛围所开展的研究性活动、理论性活动以及实践性活动，该变化中蕴含着非常强大的创新思想。

（2）实现评价过程与创建过程、使用过程及管理过程的有效融合，并强化形成性评价，进一步体现出经常评价以及持续改进的先进管理理念。

（3）注重技术所具有的适用性以及实践性社会约束，从中可以看出新定义所包含的技术哲学思维。

4.理论基础出现变化

"94 定义"以及"05 定义"都没有对理论基础进行较为明确的说明，然而从所述语言当中能够看出一点暗示，相对而言"94 定义"注重客观主义以及现代主义，而"05 定义"更加注重建构主义以及后现代主义。

5.研究形态出现变化

就研究形态进行分析，"94 定义"是指"理论"以及"实践"，而"05 定义"是指"研究"以及合乎伦理道德的"实践"。具体来说，把理论转变为了研究，意味着教育技术人员不仅要学会运用理论，还必须要进行理论探究以及建构。从"研究"一词中更能够看出教育技术研究所具有的动态性，是不断前行的活动过程。此外，实践作为一个研究形态，后者更加注重"合乎伦理道德"，实现了教育技术发展以及伦理道德两者的结合，强调借助伦理道德进行引导以及规范技术应用。

6.教育技术本质特征

（1）操作性系统

从广义角度进行分析，技术主要指整个人类在对自然以及社会进行改造的过程中所运用到的所有规则、方法以及工具。换句话说，所有具有操作性质的都在技术范围之内。就操作对象进行区分，我们可以将技术系统划分成两个组成部分，一个是硬技术，而另一个是软技术。从硬技术操作对象上来讲，包括自然物以及人工物，所产生的最终结果就是物化之后的技术性制品，也可以称其为"硬制品"；相对而言，软技术操作对象属于社会人文要素，产生的是非物化概念制品，也就是行为制品，即"软制品"。

实际上，硬技术系统以及软技术系统存在一定的交互作用，即软技术必须要有硬技术作为技术支撑，而硬技术应用以及制品中又会隐含大量软技术知识。具体来说，教育技术就是将软技术作为主体，而硬技术作为辅助条件的系统。

教育技术属于操作性系统，按其本质特征进行具体概括表述为：经过某种技术过程，将设计为核心活动，进一步产生目标导向与结果的制品过程。此外，还有一个非常重要的活动，那就是借助现有资源，在一定意义上服务于设计工作。

（2）实践领域

教育技术属于应用性非常强的学科，实践意义重大，从行为主体角度进行分类，其面向对象可以划分为三种，第一种是面向专业工作人员，第二种是面向职业工作人员，第三种是面向学习人员。

具体分析：第一种教育技术所涉及的领域主要是教育技术专家进行的实践领域，行为特征在于他用设计，目标在于为他人包括职业者以及学习者在内的人创建技术层面的资源。第二种也就是一般意义上所说的绩效技术，该类型的技术具备他用设计以及与用设计双重特点，与用设计一方面是指职业工作人员借助已经存在的技术资源开展设计，另一方面也代表有的时候会与专家或者是同事共同设计。比如，教师属于特殊职业工作人员，本质上是借助技术进行绩效改善。第三种具备在用设计或者是用户中心设计特点，也就是说在一定学习环境当中实施内部认知操作，可以说是真正意义上的学习技术。

（3）面向教师的教育技术

①学习资源的开发以及利用

从某种程度上讲，每个领域的工作都离不开各种资源的辅助，教育技术这种资源主要是指能够用来促进学习，具有非常强的优势。学习资源一般是指学习人员可以与其发生某种联系的相关知识信息、工具环境以及学习活动服务等。

部分资源的存在是专门为学习设计的，我们可以将其称之为设计中的学习资源。此外，还有一部分资源的设计目的存在一定的特殊性，但是同样也是为学习人员服务的，能够被学习人员所利用，也就是利用中的学习资源。

②教学过程的设计和组织

实际上，学习资源的种类是非常丰富的，但是并不是说所有的学习资源都可以被利用来促进教学，其优势作用发挥的关键在于怎样使其得到更加充分的利用。所以，一些专家、学者早就将关注点放置到教育学系统相关组织的整体联系上，更加强调借助科学化的系统方法进行理解以及开发教育系统，将其作为一个整体，加强各个层次的联系，在整个教育系统当中，学习资源（包括教学媒体）都属于该系统的其中一部分。

③改进工作效能以及支持自我发展

就教育技术实践而言，教师扮演着双重角色，不仅是教育工作者，而且还是学习者。

教师是一种特殊性质的工作者，而教育技术则可以称之为改进效能的重要绩效技术，教学期间的学习资源开发利用以及系统方法设计等都是效能改进的重要实践。因此，教师在日常教学中必须要合理选择技术工具，并熟练掌握其具体操作方法，从而借助技术资源结合实际教学要求实施合理化的再设计，加强与教育专家或者是同事之间的合作交流，注重学习过程中的评价管理，实现教育技术应用最大化，从根本上提升工作效率。

从另一方面进行分析，现代社会对于教师的要求更加严格，要求教师应该成为学习者，并且是终身学习者，从而更好地胜任教师这一职业。因此，教育技术在其中又可以发挥重要作用，可以为教师提供专业学习资源，让教师有一个实践反思的重要平台，是教师自我发展以及自我价值实现的重要实践场。

7.从电化教育、教育技术到信息化教育

在我国"电化教育"事实上是一个特有名词，最早可以追溯到 20 世纪 30 年代。就电化教育定义而言，主要是指借助幻灯以及投影器等教学设备或者是教材所开展的教育活动。在国外的定义，《国际教育词典》中表述为：中文用来表明利用收音机以及电视之类的器具实施的教育。从中可以看出，电化教育名词概念所涉及的传播范围相对来说是非常明确的，也就是说仅仅是限制于电能以及电子传播媒体等。

从 20 世纪 80 年代以后，我国逐渐开始运用国际上比较通行的名词作为相应的学科名称，那就是教育技术，然而电化教育目前的应用广泛程度还是相对较高的。就概念本质来讲，教育技术以及电化教育两者存在共同之处，且两者都有着一样的学科属性，最终目的也是相同的，那就是获得最佳教育效果，进而增强教育最优化。此外，两者在特点、处理问题方法以及功能方面都存在相似甚至相同之处，都是借助新科技成果积极开发全新的教育教学资源，并借助新型教学理论以及方法合理化控制整个教学过程，增强教学效能。

然而，就概念涵盖面进行分析，教育技术实际应用范围相对来说要比电化教育更广。"AECT94"指出教育技术可以代指所有的学习资源，也就是说包含了与教育相关的所有能够操作的要素，但是电化教育的范围相对狭窄，主要是借助科技新成果所最终发展起来的与声像教学媒体息息相关的教育工具。基于此，两者处理问题的方法也存在不同之处，具体来说，教育技术往往会借助系统方法进行处理，所考虑问题的角度是整个教育系统，也就是说教与学的总体过程，实际实施期间，教育技术可以被运用到整个教育系统每个细小的层次中，从教育规划宏观角度进行分析，不仅是课程开发层次方面的问题，而且是课堂教学期间的具体问题；相对而言，电化教育尽管也是借助系统方法进行问题的思考和处理，但是其重点是不同的，重点是电子传播媒体方面的选择、控制以及组合应用，其涉及的教育系统比较小。当然，有的时候，电化教育也会涉及范围相对较大的问题，不过大多数情况下是研究小系统，控制小系统变量效果。

（四）教育技术的发展与理论创新

随着社会经济的不断发展以及新媒体新技术的普及应用，教育技术学在教育现代化发展进程中起到了不可忽视的作用，为我国的信息化教学事业朝着智能化、多样化、网络虚拟化等的现代化方向发展发挥了不可替代的作用。与此同时，出现了一系列新的教育思想、教育理论，在这些理论的冲击下，教育技术及其学科的定位问题以及人们的教育观念也正经历一个新的发展过程。

1.教育技术学的发展

在经济日益快速发展的今天，教育技术学已经获得了社会各界人士的广泛关注，而且也获得了不小的成就。然而，教育技术学在实际发展期间依然存在大量问题，问题所涉及的范围也相对较广，不仅与学科内部系统相关，而且也与学科外部系统相关。所以说，我们要更加深入地对教育技术学进行了解，真正解决教育技术学生存发展中的问题，从根本上缓解教育技术工作人员的燃眉之急。

（1）我国教育技术学发展面临的问题

纵观教育技术几十年的发展历程，我国的相关教育工作者以及专家、学者已经付出了很多，也收获了很多。南国农先生指出，借助现代化的媒体手段，结合传统教育媒体的特点，实现两者的有机结合，有助于实现教育最优化。刘美凤教授提出，教育技术学能够长久发展的重点在于深入研究教育技术相关理论知识，培养良好的实践队伍，了解学科背景，强化素质教育，不断增加教育需求，让更多的教育领域及其相关领域的学者关注教育技术应用实践问题，紧跟国际教育的步伐，实现教育技术跨越式发展。从某种程度上讲，我国与西方发达国家进行比较，在管理制度方面存在不完善的地方，而且相关的教育技术政策问题不能够得到有效处理，认识程度不够，这些问题很难在短时间内得到解决。因此，在实际工作过程中，相关工作人员或者是研究人员必须要加深对教育技术学科的认识，增强自身认知水平，强化教育技术队伍建设，正确定位教育技术的性质，发挥教育技术真正的作用。

①管理者认知问题

管理大师爱迪斯指出，任何工作或者是学习，若是没有了管理，则会丧失正确性的指引，进而失去前进的方向，我们就会一事无成，当我们回过头来的时候才会发现已经越走越远，且越来越无知了。从中可以得出，管理在教育技术学发展中的关键性作用。在外国教育技术历程影响之下，我国政府也逐渐认识到了教育技术在整个教育事业中的作用，很早之前，我国就已经在电化教育方面投入了非常大的财力以及人力，并使其获得了较好的发展局面，然而经过一段时间发展之后，教育技术却出现了停滞不前的现象。究其原因，管理干部思想认识不够彻底，观念相对落后，难以紧跟时代发展的步伐。因此我国相关教育人员在教育技术方面的认知不足，使其理论知识以及实践经验都相对较少，故在很长一段时间内，仅仅是将教育技术作为提供电教设备以及电教资料的手段，具备一定的服务性质，在整个教学工作中不占据主要位置，受到排挤与忽视，难以发挥其教学功能，而且还有很多电教用房以及设备荒废，极大地浪费了这一教学资源。

②教育技术学研究队伍的建设问题

随着教育的发展以及世界经济一体化的发展，世界范围内的经济竞争更加激烈，进而激发了教育界发展的需求加剧问题。国内于 20 世纪 80 年代开始不断引入中小学计算机课程。经过长时间发展，现阶段，计算机教育已成为中小学的必修课，而且越来越多的研究人员也参与到整个教育信息软件制作中。实际上，教育技术学工作者已经逐渐感觉到了这种变化迹象，也就是竞争对手增加的迹象。

所以，在上述发展背景下，教育技术学所具有的专业优势日益减弱。从某种程度上讲，若是教育技术学相关专业研究仅仅局限在媒体方面，不能够在短时间内对教育技术学进行更广范围的定位，则教育技术学的生存将会岌岌可危。所以说，在研究期间，相关工作者必须要避开上述误区，积极寻求新的方法，促使教育技术学健康发展。

③教育技术学学科性质的定位问题

现阶段，一些刊物以及专著等对于教育技术学科方面的内涵或者是术语界定相对模糊，存在用法混乱的问题。这种情况下，就会导致教育技术称谓越来越多，不能够形成统一。比如，教育技术可以称为现代教育技术或者教育信息技术等，存在学科定位混乱现象。与此同时，不同学校在教育技术方面的隶属单位也存在较大差异，有的隶属教育科学学院，还有的隶属网络学院，甚至隶属远程教育学院等，因其本质属性存在不同，则会使其学科性质产生不同理解。除此之外，对其他相关学科的理论知识借鉴的地方相对较多，仅仅保留少数特色化学科理论，从而导致学科培养目标过于广泛，难以真正建立其特色化的课程体系。

（2）教育技术发展的新要求

①转变教育观念

就心理学而言，人们内心的思想意识往往会对其日常行为产生一定的影响。教育技术学相关管理人员只有彻底解放思想，改变过去的旧观念，则教育技术学才会有更高的发展可能性。此外，教育观念是指人们借助教育活动观察以及实践等活动所产生的思想认识，能够对人们的教育行动产生相应的指导意义或者说是决定作用。所以说，教育管理人员必须要做到思想上的一致性，积极更新教育理念，从而使教育技术学得到更为广阔的发展空间。

②培养一支具有多学科背景的专业队伍

因教育技术学部分学科知识将会涉及大量专业性理论知识，所以说需要相关工作人员结合知识结构对教育技术课程设置进行科学化调整，从而培养出专业性的多学科人才。此外，管理人员可以制定出相关的鼓励性政策，大力吸引其他专业包括心理学、哲学以及经济学等领域的人员开展教育技术学研究，加强这些人员在整个教学研究实践中的合作交流，扩大研究成果与教育成果，实现研究队伍的有效整合。

③理顺教育技术学学科的基本概念、理论体系和培养目标

定位准确是保障各学科生存发展的重要条件，不仅会对学科发展产生影响，而且还关系到未来的快速健康发展。首先，就发展历史进行分析，教育技术学主要是借助视听教育与程序教学发展起来的，借助科学技术成果不断引进，不断更新充实其教学手段，丰富教学方法，进而发展为多媒体技术领域，特别是媒体技术发展促使了教育技术研究水平的提升。其次，就教育技术学科内容与知识结构而言，其隶属教育学科。最后，我国国务院学位委员会界定的学科目录当中，教育技术学属于教育学科的重要分支学科。

相关研究结果显示，教育技术学所具有的学科性质定位，可以从两个方面实施具体化分析，一方面是电化教育层面，另一方面是技术层面。部分学者指出，教育过程中媒体的应用，可以称之为教育技术学的重要定位。其中代表言论有：张楚廷在《教学论纲》中指出，教学期间，教师借助不同形式的工具或者是手段开展教学活动是古之有之的。但是，随着现代化科学技术水平的不断提升，尤其是高新技术发展，促使教学手段以及教学媒体在种类上更加多样化，这种情况下，一门比较新兴的学科，即教育技术学科就迅速兴起了。还有一部分学者从技术层面对教育技术进行专业性定位。这些学者尽可能地从广义上对教育技术学进行定位，不仅要借助媒体，而且还要借助技术，充分吸收教育学知识、哲学知识、传播学知识、心理学知识以及认知学知识等的精华部分，在借鉴与改良的基础上，发展属于自己学科的特色理论方法。所以说，我们不可以从其中单独的某个方面对教育技术学实施定位，需要从整体出发，就不同方面进行统一分析，真正认识到所谓的教育技术学所具有的连接性、实践性以及应用性等的特点，从而发挥其促进学生学习以及增强教育效果的功能，全面科学地进行学科定位。

2.后现代主义与教育技术

近年来，后现代主义作为西方理论思潮愈来愈引起国内外学者的关注。理论界对后现代主义的界定、存在形态、理论特征与当代西方哲学走向的关系，以及对教育技术的影响等方面展开了广泛的讨论与研究。在后现代主义理论影响下对教育技术进行再认识，是我们发展符合时代特征教育技术必须要经历的一个历程。在这里作者主要就后现代主义的相关问题以及它对教育技术发展的影响做如下几方面简单的介绍。

（1）后现代主义

后现代主义最早是开始于欧美地区，发生在 20 世纪 60 年代，其快速流行是在 70 年代到 80 年代之间，其思想范围波及西方艺术界、社会文化领域以及哲学领域，研究重点是彻底放弃现代性的一些前提与理论内容。

从某种程度上讲，后现代主义属于现代时期发展的后期，也是在现代主义理论前提之下逐渐发展起来的。从现代主义对立面角度进行分析，后现代主义比较深刻地对现代主义扩张引发的人与自然不断疏离问题进行了审视，并对由此带来的诸多严重问题进行了梳理。实际上后现代化主义是对现代主义表达方式或者说是思维方式的反叛，也是价值观层面的颠覆。

就后现代主义发展的艺术领域进行分析，这种放弃主要表现在对现代主义艺术的拒绝，因为现代主义分化了文化自主价值，与此同时，后现代主义还拒绝了之前现代主义所设定的党派原则以及形式原则。从本质上讲，属于知性层面的反理性主义以及道德层面的犬儒主义。与此同时，后现代主义注重的非决定论，避开决定论，具有多样性特点，不是统一性的，存在差异性以及复杂性特点，综合性相对较差。此外，后现代主义更加强调合法化危机以及支配世界范围内的文化系统，将计算机以及传媒作为基本特征。后现代主义指导下会对理性沟通行动之上的理论以及科学持怀疑态度，尝试着寻求来自社会以及语言上的新观念，能够为人们提供全新思维方式，彻底打破传统形式的思维方式。

（2）后现代主义与教育技术

尽管从某种程度上讲后现代主义属于艺术领域运动，然而随着长时间发展，人们将会认识到后现代主义与教育技术之间存在着非常密切的关系。从时间概念上进行分析，现代主义属于机器时代的基本产物，后现代主义则属于计算机时代的产物。

从后现代主义特点上进行分析，我们可以将其归纳为五点，那就是矛盾、不连续、随意、无节制以及流程短。事实上，这些特点与教学设计之间是相互对应的关系，若是要确保教学系统能够完全容忍上述特点，非常显然并不属于传统观点。然而仔细分析之后可能会出现不同结论。例如，超文本能够充分体现出不连续以及随意性特点；借助计算机开展课堂教学以及反馈循环就会产生无节制；现阶段的教学软件要求学生结合现有测试结果从自身实际情况出发，排除细节部分开展有效学习，从中可以体现出流程短的特点。之前，人们往往会注重一个人对某件事情处理所发挥的重要作用，但是就后现代主义观点来看，更加注重团队功能的发挥，权威形式往往是共同参与的结果，并通过多种形式表现出来。一些教育技术专家已经在很早以前就认识到了单一权威的局限性，认为其不能够很好地适用到现在媒体产品中。从某种程度上讲，现代教学设计一般是运用团队方法实施教学系统开发的，可以很好地体现出单一权威向着团队权威分散的趋势，具有非常显著的后现代主义特点。

从后现代主义定义变化以及教育技术定义发展历程上可以看出，教育技术定义的转变更多的是研究重心的改变，其中有着很深的后现代主义痕迹。具体来说，在后现代主义理论下，教师权威逐渐减弱，更加注重学生借助学习技术与教师、同学共同学习，一起探索知识，不断提升自身学习能力，完成学习任务。探索过程中，传统评价以及相关的评价方法作用会大大减弱，且权威不再具有超越性特点，逐渐发展为共有的，具有对话性特点。教学课程也不会被认定是固定的。与现代主义进行对比可以发现，后现代主义更加强调跑步过程以及跑步的人，忽视跑道本身。换句话说，教育技术重中之重在于学生学习到了什么知识，注重学生学习效率的提升，逐渐忽视了教师的教学工作，教学目的性更强。

首先，当我们谈论教育技术的时候，会非常自然地联想到技术这一名词，进而联想到与技术相关的教学资源，比如教学软件以及教学硬件等。实际上，教育技术作用的充分发挥必须要借助不同的媒体技术，进而实现教育过程与教育效果的最佳化。但是媒体技术往往是一把双刃剑，若是能够合理应用，就会在短时间内促进教学效果的不断提升，进而为教育事业贡献巨大力量。

之前我们已经讲到后现代主义比较注重反思与思考，基于此部分专家、学者就会大力呼吁将教育技术上升到科学角度，不再仅仅是技术角度。实际上，技术研发的最终目的在于应用，运用科学角度可使人们更加理性反思。从教育技术整个发展历程来看，教育技术者追求的技术之上，不从实际情况出发思考问题，一味地求新求时髦，不能够真正反映出教育技术应用期间的真实情况，将会对未来教育技术发展以及教育事业稳定产生严重危害。所以说，05 新定义中提出，需要教育技术满足行业伦理道德要求以及符合实践需求，若是不能够深入反思伦理道德，教育技术将难以成功。此处所说的伦理道德主要包括三个方面的内容，即对个人、社会以及企业的基本承诺。还有一个观点就是伦理道德规范更多的是实践基础，并不单纯是指规范，是成功路上的重要条件。

教育技术属于一门理论与实践相结合的学科，具有非常强的应用性。目前我们所指的教育技术最终目的在于达到教育过程与教学工作的最优化，若只是从字面上解释我们非常容易会从技术角度分析，也就是教育实际问题处理的角度分析。其实，我们应该进一步加深对教育技术概念的认知，不能够仅仅从技术层面进行解释，还应该注重教育技术所面对的对象，那就是人，其不仅包含教师控制，而且还包含学生互动，实质上人在整个技术应用中的作用是显而易见的。

其次，因后现代主义更加注重开放性，则我们就可以认为教育技术发展也具备非常强的开放性，需要吸收一切能够促进自身创新以及发展进步的因素，确保自身得到健康发展。有的时候我们会过度重视技术忽视情感因素，但是教育技术从本质上毕竟是关于人的技术。具体来说，教育技术存在人的因素，技术利用以及使用过程中都需要人来操纵，而且技术应用也是面向人的。所以说，我们必须要准确认识人的丰富性以及复杂性，尽量将人的因素具象化对待。实际教育教学期间，应反对二元论，排斥教师与学生的二元性，强调教学过程中的相互交流。针对设计方面，不仅要具备理论建构主义的影响，还应具备实践层面的影响。坚决反对理性主义，注重多元论就需要允许借助多种理论指导实践。比如，一个比较客观的案例是在理性主义影响之下，日常教学评价都是采用怎样的方法呢？标准化教学评价考试，采用量化标准，这就从某种程度上忽视了互动评价，仅仅是从教师角度考虑了问题，忽视两者的互动交流，进而使评价结果科学性降低。从后现代主义理论基础来看，一个非常重要的理论是耗散结构。具体来说，在该理论看来，客观存在的所有系统都具备开放性特点，都属于开发性系统，也就是说系统以及外界环境之间具有物质交换以及能量交换的关系。就开放系统而言，在多种外界因素影响下，将会向着有序化方向前进，摆脱之前的无序化状态，与此同时也可以向着另外一种全新的有序状态发展。此处就教育技术所具有的开放性进行说明，需就教育以及技术两个层面进行问题考察。教育技术发展会受两个大视角的影响，一个是系统大环境，另一个是技术发展。目前，我们所说的教育系统更多的是指教学领域，那么我们就主要从教学系统层面实施研究分析。一个成功教学系统的出现与生存往往与环境因素息息相关，若没有环境因素的保障就难以形成教学系统。此外，教学系统会随时与环境保持物质交换以及信息交换。教师以及学生属于不同的生物体，两者都需要从外界汲取各种物质能量，以此维持自身的生存发展。将一些全新教育理论以及知识甚至是技术成果运用到目前的教学领域当中，能够促使教师加强对教学过程的研究分析，进而在一定程度上改进教学方式以及教学方法，从根本上实现教师自身素质与学生综合素质水平的日益提升。就技术发展角度进行分析，它时刻都在吸取最先进的思想，加强与外界的信息交流，以此保障自身发展，现代的多媒体技术就是在吸收物理领域思想与数学领域思想，并经过长时间的发展才有了现在的成就。此外，教育系统本身属于开放性的系统，技术若要获得长远发展，就应该大力吸收外界有益因素。实质上，教育技术是教育以及技术相融合的结果，两者都是开放性的，所以教育技术自身同样具备开放性的特征。从教育技术界定中就能够看出，它要不断吸收最新的学习理论以及教学理论，借助技术力量保障教育教学最优化，促使自己更好发展。

再次，强调教育所具有的人文性特点。教育技术本身就具有人文性，从某种程度上讲，教育技术实践需要在大的教育背景下完成，随着素质教育的快速发展，教育技术必须要充分考虑其人文性因素，不能够一味搞技术，逐渐忽视人文精神培养。此外，教育技术在实际应用中，所面临的对象是学习者，而这个对象又有着非常的复杂性，不是一个单纯的个体，这个时候就需要我们在应用技术期间注重人文因素的加入，这可能同样是后现代主义引导我们思考的结果。

最后，强调学生艺术修养不断提升。后现代主义指导下，所有的事物都存在较强的不确定性，而教育技术是开放性的系统，不确定性更为明显，要求我们不可以一味严格地界定，需要随着教育教学的不断发展而不断进步发展，实际上任何想要对其进行严格界定的观点都是不成熟的也是不够科学的。虽然教育技术在某个时期有着非常突出的特点，然而因其是变化发展的，所以合理界定就很困难了。从某种程度上讲，某个时期的界定可能会有助于学科发展，然而从长远利益出发，严格界定会对其发展产生阻碍作用，不利作用显而易见。所以说，我们在对教育技术实施定义界定的时候，难以对其进行统一化描述，不会有非常标准的答案。

随着后现代主义的方兴未艾，实质上现代性并没有完全终结，目前教育技术发展并不是后现代主义阶段，更多的是现代主义阶段。然而，教育技术正在向后现代主义进发，时刻准备着，此时需要我们有效借鉴后现代主义所提倡的有益部分，促进教育技术健康发展，借助教育技术基础性理论知识以及理论结构，不断完善教育技术，促使教育事业顺利发展。其实，不管是教育技术理论方面还是实践方面，我们都必须要借鉴有益的内容，保障教育技术发展走得更好更远。

（五）信息化教学的发展与理论思考

1.信息化教学的发展概况分析

（1）国外信息化教学的发展历程

①基础设施建设时期

20世纪90年代，一些发达国家就开始着手开展关于信息化教学基础设施建设了，开始的时候以"量"为主，表现为强调信息化教学设施建设规模以及实际发展速度，并对信息化教学实际应用进行初步探索，但是还不具备研究侧重点。

实际上，信息化教学第一阶段侧重点在信息化教学硬件以及软件设施数量层面的增加与发展上。

②教学应用阶段

西方发达国家针对信息化教学快速发展的阶段在90年代后期，到2008年底结束。该阶段非常注重信息化的教学应用，从硬件设施建设与软件设施建设层面过渡到了信息技术教学应用层面，主要表现在两个方面：一方面注重信息化教学在整个教学期间的应用；另一方面则是将信息技术作为应用基础，借助过程优化，提升教育教学质量水平。

从某种程度上讲，这个阶段的发展属于过渡阶段，不再仅仅注重基础设施数量层面的发展，而是注重教学质量水平的提升。

③反思与探索新阶段

信息化教学经过长时间的发展，已经经历了量变到质变的过程，属于突破性转变，从 2009 年开始信息化教学已经正式进入到新型发展阶段，那就是反思探索阶段。

（2）中国信息化教学的发展历程

①高等信息化教学进展

1998 年以后，在信息化教学相关项目逐步开展的基础上，其信息化发展更为广泛，促使高等学校在信息化设施建设以及信息技术应用方面的普及度日益提升。

从信息化教学高校基础设施上进行分析，包括高校校园网、多媒体教室、计算机教室、数字图书馆、网络教学支撑平台、信息发布与信息管理平台以及教学资源管理平台等。

②基础教育信息化进展

现阶段，信息化教学相关工程已经在各大高校得到了顺利实施，我国教育部门明确提出，从 2001 年开始，计划五年到十年之间，全面实现信息技术教育普及，实施"校校通"，借助信息化教学进一步带动教育事业的现代化发展，最终达到基础教育发展的翻倍跨越发展。

有了国家政策的重要支持以及相关工作人员的努力奋进，中小学校园网数量上有了较多幅度的上升，校园网带宽以及速率也得到了显著提高，甚至比之前提高了 1 个数量级。不到十年的发展，城镇中小学校在信息化教学层面已经初具规模，这一举措有助于多媒体教学以及网络化教学的全面实现。

此外，在"农远工程"快速推进的背景下，我国一些相对偏远的地区以及欠发达的地区，自身办学条件以及质量得到了某种程度上的提高。信息化教学快速普及，促使义务教育发展更加均衡，更加强调教学应用发展，注重教学期间借助信息技术提高教学质量，提升教学效率。

③从 2010 年以后到现在——跨入"反思探索"时期

国内的信息化教学跨入反思探索阶段时间与国际上的信息化教学发展阶段基本上是吻合的，具体来说比发达国家晚一年到两年时间，从以下两份报告当中可以得到明显线索。

第一，《国家中长期教育改革与发展规划纲要（2010—2020 年）》指出，信息化教学发挥着革命性作用，说明信息技术在不同部门教育发展中始终占据主导性地位。我国在 90 年代就已经提出了更为先进的教学理论，学会运用信息技术保障教学质量。

第二，《信息化教学十年发展规划（2011—2020 年）》表明，若要从根本上实现信息化教学大力普及发展，获得各类教育创新发展的要求，则必须要实现信息技术在整个教育发展多个方面的统一融入，在有效发挥信息技术优势期间，加强信息技术以及教育两者的深度融合。在经过了十几年的发展之后，我们国家已经进行了深刻反思，并在信息化应用领域取得不小的成就，正式进入了信息化发展思考阶段，步入新的发展阶段。

2.信息化教学发展新阶段的观念更新与理论思考

在信息化教学水平日益提升的背景下，人们思想观念出现了不同程度的变化，而且这些转变当中较为显著的变化就是，以学生为中心的教育思想更加多样化，向着"B-learning"混合式思想转变；而且，针对信息化教学基础性教学理论的分析理解更加深入全面。此处，主要从两个方面就信息化教学进行分析，即教育思想更新与理论研究探索两个方面。

（1）以"B-learning"为标志的混合式教育思想被普遍认同

进入 21 世纪之后，blended learning（也称 B-learning）不断普及流行。而且还被赋予了更加全面的概念，该概念是随着信息化教学深入发展而不断发展的。

英文 blended learning 本意是混合式学习，主要是学习方式和教学方式两者的结合，具体来说可以表示为视听媒体和粉笔黑板两者的结合，也可以表示为计算机辅助学习和传统学习两者的结合，更可以理解为自主学习和协作学习两者的组合发展。

blended learning 可以理解为"主导—主体相结合"，将传统教学方式具有的优势与 E-learning 优势进行结合。实际教学期间，进一步发挥教师自身的主导作用，充分体现学生主体作用。

现阶段，国际教育界比较普遍认同的教学方式就是这种主导—主体结合方式，并且认为该方式可以提升教学效果。从本质上进行分析，该方式的流行以及普及意味着国际上教学思想出现了较大程度上的转变，既不是单纯地以学生为中心，也不是单纯地以教师为中心，而是两者的统一结合，不仅要充分发挥教师所具有的引导启发作用，而且要发挥学生在整个学习过程中所具有的主体认知作用，更好地应用这种混合式教育思想。

实际上，早在 20 世纪 90 年代中期，这种混合式思想就已经被我国相关研究人员所提出，但是由于 90 年代的教育思想依然是以学生为主的理论，而且该理论相对来说是不容怀疑的，故在此压力下，混合式思想的声音逐渐减弱，难以在学校中得到大范围应用探索。

发展到 21 世纪的时候，以学生为中心的教育思想才逐渐被打破，这种局面的变化，可以说两种大辩论是功不可没的：

第一种是 20 世纪 90 年代初，关于"有围墙的大学是否将被取代"的大辩论。

第二种是进入 21 世纪以后，关于"建构主义教学：成功还是失败"的大辩论。

"建构主义教学：成功还是失败"的大辩论，对于建构主义指导下学习原则具有较大局限性的认识（可以认识到学生作为认知主体，所以应注重自主性学习以及自主性构建，然而并没有实现该观点的绝对化）和注重教师充分发挥自身主导地位的"TPACK"，同时在美国社会发展为广泛共识，甚至在全球范围内得到了极大传播，可以说这是教育思想层面的 blended（或 hybrid）。换言之，在教学期间，不仅要注重学生的主体地位，还必须要发挥教师的主导地位，运用西方的表达方式进行表述，那就是 blended learning 作为典型标志的教育思想，这是思想具有混合式的特点，国内的表述方式则是"主导—主体相结合"思想。

这正是 21 世纪后（尤其是近几年的发展），以 B-learning 作为典型标志的混合式教育思想在全球范围内广泛流行，并进一步取代"以学生为中心"统治地位的客观背景。

从上述表述中，我们可以看到当下教育领域不管是理论层面还是实践层面都发生了实质性转变，我们必须要深刻认识该次变革产生的重大影响，其有助于信息化教学的健康快速发展，具有非常重要的指导性意义。

（2）新阶段信息化教学发展的理论思考

目前，信息化教学内容是多方面的，从理论层面进行分析，包括信息化教学概念的具体界定、信息化教学的发展阶段与各阶段的特征分析、信息化教学核心理论及相关理论的探索等。

怎样对信息化教学所持有的核心理论进行合理化解析呢？教育教学以及信息技术之间的整合（也可以称为"信息技术与课程整合"，随着近几年的发展，我国将其称之为"信息技术与教育深度融合"），核心内容在于落实新型教学方式与学生学习方式期间，怎样营造出良好的信息化应用氛围，怎样进一步调动学生自身主动性以及积极性，如何实现培养学生的创新意识与创新能力（即创新人才培养）的目标。因此，信息化教学理论的核心内容应该是，信息技术与课程深层次整合理论。在进入反思探索阶段以后，教学结构理论逐渐发展成为信息化教学理论的另一项核心内容。事实上，近年来，国内提出的深度融合理论（或深层次整合理论），恰恰是要求"必须紧紧围绕课堂教学结构的根本变革来进行融合（或整合），才有可能真正达到深度融合（或深层次整合）的目标"。可见，信息技术与课程整合理论和教学结构理论，这两种理论互为补充、彼此约束，才真正构成了信息化教学理论的核心内容。

从某种程度上讲，我国信息化教学在研究探索方面具有多面性，而且其理论性知识也是多样化的，不仅包括大家所共识的基础性核心理论，而且还包括国内先进信息化理论（信息化环境下的教与学理论、信息化环境下的教与学方式、信息化环境下的教学设计理论等）。就国外创新理论进行分析，主要包括翻转课堂等。此外，MOOCs（慕课）也逐渐出现在国内国外教育教学的视野当中，发挥着非常关键的作用。

二、Kinect 体感交互应用开发

2014 年，国务院印发《国务院关于加快发展体育产业促进体育消费的若干意见》，在文件的全面部署下应用体感交互技术设计开始被人们关注，它可以辅助各类体育项目应用研究，还有利于推动体育事业和产业的发展。在这个大背

景下，体感技术与体育运动结合已经成为一种时尚。

体感技术的鼻祖是"动作捕捉"，1915 年马克思·费舍尔（Max Fleischer）的 Rotoscope 技术便是"动作捕捉"的开端。体感技术不仅可以捕捉人体的骨骼动作，还能与周围的设备或者环境进行交互，到如今已经成功地应用于许多领域，如虚拟现实技术、游戏平台、人体工程学研究、模拟训练、生物力学、医学、商业、智能家居研究等。体感技术在游戏方面的成就尤为突出，与传统的游戏相比，体感游戏的交互方式更贴近最自然的人机交互方式，受到了体验者的好评。目前，较受欢迎的体感游戏品牌有国外的 Xbox、国内的爱动和 INMOTION SCV。体感游戏都是基于某一体感平台进行开发的，目前有三大体感平台：任天堂（Wii）、索尼（Ps Move）和微软（Kinect），Kinect 凭借较为成熟的技术广泛应用于体感设备。在商业领域中，俄罗斯的 AR Door 科技公司运用 Kinect 体感技术发明了一款"试衣魔镜"，当购物者站在虚拟试衣镜前时，装置将自动显示试穿新衣以后的三维图像。

（一）Kinect 插件应用

1.Kinect SDK 安装

在安装 Kinect SDK 前关闭 Visual Studio，便于后期 Kinect 环境的配置，同时确认 Kinect 设备没有插到 PC 端的 USB 接口上。Kinect SDK 安装包中包含了 Kinect for Windows SDK 和 Developer Toolkit，这两部分需要单独安装，在安装 Developer Toolkit 之前必须完成 Kinect for Windows SDK 的安装。Kinect SDK 安装完毕后，在设备管理中可以看到 Microsoft Kinect 包括 Microsoft Kinect Audio Array Control、Microsoft Kinect Camera 和 Microsoft Kinect Security Control 等插件。

将 Kinect 硬件设备接上外部电源，再通过 USB 接口与 PC 端进行连接，从而加载 Microsoft Kinect 驱动程序。本书使用的是 Kinect for Windows 这款硬件，当绿色 LED 灯持续亮时表明驱动安装成功，单击相应图标便可运行。

2.Unity 3D 与 Kinect 结合的相关插件

Unity 3D 与 Kinect 结合的方法有以下几种。

（1）使用卡内基梅隆大学研究出的插件 KinectWrapper.unitypackage 实现

Unity 3D 与 Kinect 的数据传输；Kinect Wrapper package 中间件最初由卡内基梅隆大学 CMU 团队开发，在发布了 1.7 版本后便不再更新，我国 YuYuYouEr 公司对其进行了封装和修复，具有人脸识别、语音识别、骨骼数据采集等功能。

（2）Kinect with MS-SDK 由 Unity 3D 游戏引擎官方制作，并可通过 Unity 3D 内置的官方商店进行下载，其需要 Unity 3D 的版本为 4.6.1 或者更高。Kinect with MS-SDK 只适用于 Kinect Vl 版本，通过导入插件包的方式导入到 Unity 3D 中，包含了 Kinect 在 Unity 3D 中开发的主要脚本，可以进行 Kinect 交互、语音识别、RGB 图像采集、深度图像采集、骨骼信息导入等工作。

（3）OpenNI 官方提供了 OpenNI_Unity_Toolkit-0.9.7.4.unity package，但官方已经不再提供更新与支持，Unity 3D 3.4 以下版本方可使用，否则需要对代码进行修改。

（4）可以选择使用 Zigfu，网上评价较高，需要购买。

（5）Adevine1618 也开发了插件，但现在已经不再维护，所以使用不便。

（6）可以使用 C#、C++或 Java 语言编写针对 Kinect 的程序，封装成 dll。

3.Kinect 应用实现

本书选择卡耐基梅隆大学研究出的插件 KinectWrapper.unitypackage 对 Kinect 与 Unity 3D 进行数据传输。微软官网上公布的安装包的最高版本为 Kinect SDK 1.5，而 1.5 以上的版本需要替换文件。本书使用的是 Kinect SDK l.7 版本、KinectWrapper.unitypackage 和 Unity 3D 4.x 版本。

具体安装使用步骤如下：①新建一个 Unity 3D 项目；②导入已经下载的 Kinect Wrapper.unitypackage 安装包；③将 KinectWrapper.unitypackage 导入 Unity 3D。

KinectWrapper.unitypackage 导入后会有 Materials、Models、Scenes、Textures、Kinect 和 Prefabs 这几个文件夹，Kinect 和 Prefabs 是主要的两个文件夹，其中 Kinect 文件夹中有所有的包所含的代码。

KinectModelControllerV2 这个脚本用于控制模型，Kinect 获取到的骨骼能让模型跟着人动起来。将人体模型的骨骼匹配到脚本暴露的骨骼变量（全局变量）上，就能将模型的骨骼与 Kinect 识别到的人的骨骼进行绑定。这个插件允许两个玩家进行控制，该脚本的全局变量 Player 可以设置该模型是由哪一个玩家控制，0 为第一个玩家，1 为第二个玩家。可以自己编写一个控制模型的代码将其替换。

KinectPointController 脚本可以控制一组有共同父级的游戏物体，这些游戏物体是一系列分别代表头部、肩部、手部等人体部位的点，将这些点都拖放到该脚本的暴露变量（全局变量）中，便可以使用 Kinect 控制。以下将列举实现体感交互的重要脚本。

DeviceOrEmulator：该脚本的作用是判断使用 Kinect 物理设备还是 Kinect 模拟设备。

DepthWrapper：该脚本的作用是获取人的深度图像数据。

SkeletonWrapper：该脚本的作用是获取骨骼数据，且最多可以获取两个人的骨骼。

KinectInterop：该脚本的作用是从 Microsoft Kinect SDK 里获取数据，是 Kinect 与 Unity 3D 数据传输的关键。

DisplayDepth：该脚本的作用是获取人的深度图像。

DisplayColor：该脚本的作用是获取人的 RGB 图像。

KinectRecorder：该脚本的作用是记录动作，并为 Kinect 模拟器产生回放文件，只有使用模拟器的时候才会用到。

KinectEmulator：该脚本的作用是模拟 Kinect 设备，与 KinectRecorder 产生的回放文件一同运行。

KinectSensor：该脚本的作用是利用 KinectInterop 获取 Kinect 中的数据。若需要使用特用版本的 SDK 就替换这个文件。

Kinect 文件夹中的 Kinect_prefab 是每个游戏场景中所必需的预设物，可以手动为每个场景添加该预设物，但通常在为第一个游戏场景添加 Kinect_prefab 后，会调用 Unity 3D 中自带的 DontDestroyOnLoad 函数来实现场景更换预设保留的功能，进入新场景后需要在新场景的 Star 函数中调用自带的 Find 函数 gameobject.Find（"Kinect_prefab"，Get Component）获取预设物中的组件。

（二）设计思路

1.关于体感设计的构思

近些年，体感娱乐已经逐渐成为一种时尚，作为一种娱乐性的宣传手段，体感技术已经逐步被引入体育项目中，体感运动让人们在没有场地的情况下也能体验相应的运动项目。爱动在线体感运动品牌下的体感娱乐产品便是典型的体感运动。结合体感交互技术，实现游泳项目教学的虚拟交互运动方式，达到建立一种崭新的体育运动教学模式的目的，体感技术进入教育领域也有利于我国信息化教学的发展。

2.体感交互的设想

强大的虚拟体感交互技术能让人们在运动的同时还有身临其境的感觉，充分体验运动的乐趣，并伴随较强的娱乐性与教育性。本书希望通过对 3D 互动、体感技术的探索，达到建立一种崭新的体育运动教学模式的目的。

体感交互真正体现在 Kinect 设备获取的人体运动轨迹与之前创建的运动场景及人物模型结合，关键就是将获取的运动轨迹与人物模型同步，经过文献资料查找，最终选择 Kinect 作为体感开发平台，通过 KinectWrapper.unitypackage 插件实现 Unity 3D 与 Kinect 的结合。

Kinect 识别人体运动轨迹的基本原理是将人体从深度图像中抠出来，人体分离的原理就如天文专家会选择在没有光源污染、天空处于极度黑暗的状态下观察星星。为了最大限度降低环境对人体分离的干扰，会选择在背景为白色的室内进行。由于系统会将距离 Kinect 较近的"大"字形的物体视为人体目标，体验者可以在距离设备合适地点摆出"大"字形，从而有利于设备对人体的识别。

3.体感交互设计过程

（1）模型建立

本部分主要讲述游泳场馆模型和人体模型的制作方法，其中包括 3ds Max 的模型建立、材质和 UV 贴图。

①3ds Max 建立模型

3ds Max 全名为 3D Studio Max，是一款三维动画制作和渲染的软件，功能强大且对硬件配置要求低，许多人喜欢使用这款软件建模。建模的方法有很多种，最常见的方法是多边形建模，本设计中的游泳场馆和人体的建立主要是使用这一建模方法，它是利用顶点、线条、边界、多边形、元素（整体）这五个层级创建模型，对象变为"可编辑多边形"即可修改模型。除此建模方法外，还有以下几种。

内置模型建模：3ds Max 里面有很多系统自带的简单模型，可以直接利用它们修改成设计需要的模型，只要将其变成"可编辑多边形"即可。

复合对象建模：这是一组特殊的命令，包括变形、一致、水滴网格、布尔、放样、ProBoolean、散布、连接、图形合并、地形、网格化、ProCutter。它可以将两个或两个以上的模型按照一定的规律组合出一个新模型并且可以将组合过程记录下来。

二维图形建模：这个方法就是将样条线通过修改器的各种命令组合成三维模型。

网格建模：将模型变为"可编辑网格"，利用点、线、面三个层级进行编辑模型。

片面建模：将模型变为"可编辑片面"，模型会变成曲面状，表面光滑，适合创建表面柔和的模型。

NURBS 建模：这种方法适用于创建曲面。

模型的创建是灵活多变的，一个复杂的模型可能会包含多种创建方法，而不能局限于单种方法创建模型。本书主要采用多边形建模。

②游泳场馆模型的创建

游泳场馆模型由各种零件组合而成。在创建场景模型过程中主要采用以下功能：1）切割。对象是点或者边，点击一个对象拖动到另一个对象上即可切割。2）面挤出。对象是多边形（面），选择面拖动，面会挤出或者内陷。3）壳。是让面有了"厚度"的修改器。4）切角。是让生硬的角加线变成弧面。5）FFD修改器。可以使生硬的模型变得柔软。6）放样。是有"获取路径""获取图形"两种方法，先选择路径然后获取图形放样与先选择截面图形然后获取路径图形放样是相同的结果。7）车削。平面按轴旋转生成模型。

泳池底部使用内置模型长方体修改而成，长方体的长、宽、高分别设置为500厘米、400厘米、350厘米。运用"切割"和"挤出"两个命令，先使用"切割"把长方体的顶部一面切出四条边并且使其相交，再使用"挤出"把切割出的中间的大长方形挤入长方体内部，从而形成池状。场馆地面是使用泳池底部最外一个边界拓展出来的，依照边框创建出样条线，在"样条线"层级使用"轮廓"命令，做出一个更大的边框，最后同时选择这两条样条线，使用"面挤出"修改器，形成场馆的地面。游泳场馆上面的玻璃顶是利用内置模型球体修改而成的，首先设置球体半径及段数，设置"半球"参数使其成为半球，然后更改半球为"可编辑多边形"进行编辑，删除一半，留下四分之一球体，对球体的边使用"切角"命令，使球体变成网格状，又使用"切角"使这些边形成晶格状，最后使用"挤出"做出玻璃窗的形状。沙滩躺椅是利用内置模型修改出许多小零件再拼凑而成的，它的曲面布料使用到了 FFD 修改器，使仅有 1 毫米高的长方体变成曲面状；圆桌是用平面车削成的。小梯运用到了复合对象建模中的"放样"命令，跳台其实是两个长方体叠加，上面的长方体使用"切角"柔化棱角。

③人体模型的创建

在创建人体模型的过程中采用了以下功能：1）连接。点与点连接，边与边连接，增加面。2）断开。将线移除，点保留，减面。3）塌陷。合并、减少线段。4）桥接。一个对象内线与线连成面从而相接。5）涡轮平滑。加面修改器，用增加面的方式使模型变得平滑。6）绘制变形。利用画笔修改面，主要功能有"推/拉"和"松弛"，方向分为原始法线、变形法线、变换轴（X、Y、Z），可以通过改变画笔的推拉值、笔刷大小、笔刷强度来控制变形程度。

创建人体模型需要操作者有一定的美术功底且对人体结构有一定的了解。创建人体模型主要运用多边形建模，在初建形体的时候用到了内置模型，将三个内置模型作为头、上身（没有手臂）、臀部（没有双腿），并进行一些简单的修改，桥接起来，然后做出双臂截面和髋及大腿截面，将手臂和双腿按照人体比例挤出，形成人体的最初形态。再用"切割""连接""断开""塌陷""桥接"等命令绘制出人的基本结构（包括双手双脚），在"可编辑多边形"上添加"涡轮平滑"修改器，使人体表面变得平滑，最后反复使用"绘制变形"里面的命令修改面，让人体结构更加形象生动。身体做好后开始手、头部、五官及细节的处理。在制作过程中需要尽可能使得每一个面都是四边面，一些转角可以使用五边面，如颧骨位置是用五边的顶点做转角的。拉线的时候要符合实际中人体肌肉的走向，手臂和大腿的肌肉要有与骨骼垂直的线，这样才有利于制作模型骨骼动画。要注意检查是否有多点，若有需要及时消除，否则会影响蒙皮。

UVW 展开是为了得到更适合贴图的模型 UV。模型制作完善后，在做 UV 之前应先将"涡轮平滑"删除，还要将模型原有的 UV 删除，为了删除原 UV，要将模型改变成"可编辑网格"，在"实用工具"中选择"更多"，利用"UVW 移除"可将模型原有的 UV 移除，最后将模型对称删除一半。

将原 UV 移除后便可以将模型更改回"可编辑多边形"，添加 UV 展开修改器，先用线切出手臂的部分做 UV 展开，再将手掌切出，把食指和无名指切出，这样有利于 UV 展开，要注意接缝隐藏，然后把头部切出，再单独切出耳朵、喉管，并将它们在 UV 编辑器中一一展开，尽可能让人体模型上显示的马赛克分布规整，为正方形。完成 UV 展开后将 UV 展开修改器删除，使用对称将模型恢复整体，然后用"塌陷"命令，再使用 UV 展开修改器，把身体和头部的 UV 缝合，并将 UV 按照比例摆放好，检查是否有点重叠，若没有就说明 UV 已经做好，可以烘焙出来，得到一张黑底白线绿边的 UV 图，以备在制作人体贴图的时候使用。

目前 3ds Max 中有三种骨骼，分别是 Biped、Bone、CAT，本课题只使用前两种骨骼。Biped 骨骼很方便，也很传统，提供了骨架模型，只需要按照人体模型的大小调整各个骨骼的大小，但该骨骼只有在运动面板中的体形模式开启时才能更改骨骼大小，且初始手指和脚趾都只有一个，需要单独设置，如果有辫子或者尾巴也需要另外添加，骨骼旋转控制与实际的旋转相符。

Bone 骨骼是一块一块拖拽出来的，腿部由上至下拖拽出五节，最后一节作为尾部，臀部由上至下共有两节，第二节为尾部，腰部脊椎到透骨由下至上拖拽出六节，从上臂到手掌拖拽出四节，手指根部到指尖方向拖拽出三节，骨骼有前、后、侧翼控制肌肉，利用父子关系将骨骼串联到一起。

CAT 是目前做骨骼动画最强大的骨骼，由于本课题未涉及动画制作，所以没有使用这一项。Biped 骨骼与 Bone 骨骼的制作方式虽然有所区别，但是它们后期运行与互动的效果是相同的。

3ds Max 有两种给人体模型设置权重的方式，一种是 Skin（蒙皮），另一种是 Physique，本课题使用的是 Skin。Skin 步骤必须在 UV 展开之后，否则会对模型产生影响。把所有骨骼添加后，首先将"高级参数"中的"骨骼影响限制"改为"3"，然后选择"封套"层级编辑封套，再选择"顶点"进行权重编辑，设置各个点的权重。红色的点表示权重很高，蓝色或无色代表权重低，权重值的范围是 0～1，加法分配权重，每个点权重之和为 1。可以利用动画时间轴和自动关键点控制人的各种姿势，这样有利于检查权重配置是否合理。

衣服模型可以利用石墨建模工具中的"自由形式"进行创建，拾取减面后的人体模型作为参照物，在曲面上绘制衣物，绘制完成后使用"壳"修改器让衣服有厚度，然后进行"涡轮平滑"，再用绘制变形工具调整衣服的位置，让它在人体皮肤表面。由于衣服结构比较简单，没有进行 UV 展开，直接使用了 UVW 贴图。

（2）Unity 3D 场景建设

①模型的导入与调整

打开 Unity 3D，双击选择已经创建好的场景，在界面中的"Project"面板中右击选择已经创建好的文件夹"Models"，在出现的选项中选择"Import New Asset…"菜单项，然后将已经创建好的游泳场馆模型和人体模型的 FBX 文件导入，然后将它们都拖入"Hierarchy"面板，模型便会在场景的原点处。选择想要看的人体模型，然后按快捷键"F"便可以拉近场景到人体模型，可能会发现有些贴图没有显示出来，这时你需要把对应贴图重新导入到模型对应的 FBM 文件夹中，这样模型会在原位置自动获取贴图。

②创建场景

在创建陆地之前，先将 Terrain Assets 导入 Project 中的"Standard Assets"文件夹。然后开始创建初始地形。由于笔者使用的 Unity 3D 为 4.x 版本，菜单栏中已经没有 Terrain 这一栏，它被放置到菜单栏中的"GameObject"→"Creat

Other"菜单项。

"地形编辑器"——Terrain 是 Unity 3D 提供给开发者的一套便捷的编辑地形的工具，在创建好地形后单击选中，界面右侧的属性查看器会出现地形编辑绘制工具，它们从左到右分别是地形升高降低、绘制高度、平滑高度、绘制地形纹理、添加树木、添加草和地形参数设置。

地形升高降低：可以使用画笔让地势升高和降低，在地面上按鼠标左键不放可以让地势不断升高，鼠标左键加"Shift"键可以让地势降低，这里要注意的是，如果地形高度为零，地势是无法下降的，可以在"绘制高度"中调整地形高度。

绘制高度：可以使用笔刷绘制指定高度，在 4.x 版本中可以使用 Height 加 Flatten 调整整体地形的高度，当地形高度大于零时可以使用"地形升高降低"调整地势。

平滑高度：可以让高地变得平滑并降低，也叫柔化地形。

绘制地形纹理：给大地装饰纹理，可单一也可混合，相当于给地形贴图，在面板的"Edit Textures..."/"Add Texture..."属性中可以添加纹理。

添加树木：用面板中的"Edit Trees"/"Add Tree"属性中添加树木模型，可在地上用笔刷添加树木，也可以更改"Settings"中的各种参数来更改绘制树木的范围、疏密、高矮、粗细。

添加草：用面板中的"Edit Trees"/"Add Tree"属性中添加草模型，可在地上用笔刷添加草或者网格物（石块），在添加草的面板中还能更改草的大小和健康程度，还有网格物的相关参数，也可以更改"Settings"中的各种参数来更改绘制草的范围、疏密。

地形参数设置："Base Terrain"基本地形参数可以设置地形分辨率、阴影等；"Tree & Detail Settings"可以设置关于草木显示的参数等；"Wind Settings"可以设置风速和强度等；Resolution 决议参数设置地形整体大小、显示分辨率等。

创建出初始地形后一般在"地形参数设置"中修改"Resolution"中的"Terrain Width"和"Terrain Length"，还有"Terrain Height"，再在"绘制高度"中设置整体地形初始高度，这样就可以继续编辑需要的地形样式了。

（3）Unity 3D 与 Kinect 交互设计

预制物"Kinect_prefab"需要放入"Hierarchy"面板，把"KinectModel ControllerV2"放在人体模型的父级，在暴露的骨骼变量中放入该模型并与变量所对应的骨骼进行绑定，将预制物"Kinect_prefab"拖拽入人体模型上的"KinectModelController V2"的暴露变量"SW"。这里要注意的是 Kinect 只控制 20 个骨骼，而"KinectModelControllerV2"控制不止 20 个，所以应该将手腕、手、手指的变量都放入手的骨骼，脚踝、脚的变量都放入脚的骨骼，这样模型动起来会好一些。如果要控制两个人体模型就设置"Player"变量的值。如果不希望所有的骨骼被控制就设置"Mask"变量的值。选中"Animated"选项可以让模型播放自带动画，并需要设置"BlendWeight"（范围 0～1），"BlendWeight"的值可以用来决定动画和 Kinect 驱动动作的合成动作效果。将骨骼绑定好之后，配合 Kinect 运行，模型便可以随着人动起来。

测试时首先将 Kinect 设备通过 USB 接口与要展示 Unity 3D 的笔记本或台式机相连，打开制作好的 Unity 3D 场景（包含人物模型），同时也要运行 Kinect 软件，准备工作完成后，体验者便可开始进行体验。根据 Kinect 识别人体运动轨迹的原理，体验时应尽量选择环境简洁的白色场地。在设备识别人体时，应该让体验者在距离 Kinect 设备合适的位置摆出"大"字形，这样会更有利于设备对人体的识别。

三、增强现实（AR）的应用开发

（一）增强现实（AR）技术与 Unity 3D 交互应用

1.Vuforia 开发环境的搭建

（1）注册成为 Vuforia 用户

①Vuforia 官网 http://developer.vuforia.com/为开发者提供了免费的开发平台。

②应用之前需要成为 Vuforia 的注册用户，注册后可以进入 Vuforia 的管理后台。

③在完成注册信息填写后，Vuforia 会给注册邮箱发送一封激活邮件，登录邮箱，按照提示操作即可激活 Vuforia 账户。

④在激活 Vuforia 账户后就可以点击登录进入 Vuforia 管理后台了。

（2）下载 Vuforia SDK

在 Downloads SDK 中点击链接并下载 Vuforia Unity 3D SDK，下载解压后得到后缀名为.unitypackage 的 Unity 3D 插件包。

（3）开发环境

本系统采用的版本为 Vuforia 6-2-10 SDK 开发环境，同时，Android 平台支持的最低版本是 Android4.0.3，Unity 3D 支持版本为 4.6.7—5.6.2f。

（4）新建 Unity 3D 工程

运行 Unity 3D 程序，按照步骤创建一个新的 Unity 3D 工程，也可以直接打开已有的 Unity 3D 工程导入 Vuforia SDK。

（5）导入 Vuforia SDK for Unity 插件

在 Unity 3D 中导入下载的.unitypakage 插件包，选择开发内容导入插件包。

在 Unity 3D 菜单选择"Assets"/"Import Package"/"Custom Package"，将 Unity Package 插件文件导入，选择"I Made a Backup.Go Ahead!"，导入成功。

导入成功后，Unity 3D 的 Project 窗口中显示导入插件的所有内容包含在 Vuforia 文件夹中。

2.Vuforia 开发

（1）获取 License Key

增强现实（AR）开发首先需要在 Vuforia 官网上获取 License Key，创建新应用。

创建好的新应用生成的一串 License Key 代码是 Unity 3D 引擎开发增强现实（AR）的"钥匙"。

（2）新建应用数据包

实现增强现实（AR）效果的关键技术之一是完成图片识别数据包的创建，数据包创建同样是在 Vuforia 官网上完成的。图片数据包的创建决定增强现实（AR）效果的识别程度。

选择 Unity 3D 格式识别图数据包下载，自此完成了前期的准备工作，下一步工作需要在 Unity 3D 开发工具中进行。

（二）增强现实（AR）技术的实现

1.创建 AR 视频

AR 视频即识别某张图像并播放与所识别图像对应的视频文件，一般用于制作企业宣传册、广告、书籍等。Unity 3D 默认支持的视频格式分别有 mov、mpg、mpeg、mp4、av1 和 asf，本项目应用中采用 mp4 格式的视频。本系统将使用移动端实现增强现实（AR），采用的 Unity 3D 插件名为 Easy Movie Texture，通过对其设置即可完成视频的增强现实（AR）播放。

（1）插件导入

下载 Easy Movie Texture 2.36 插件并导入 Unity 3D 中，在"Project"窗口文件夹下找到"VideoManager"预制件并将其放置到层级视图"Hierarchy"中，将"VideoManager"作为识别图像的子物体，该预制件可以将视频以当前面片（plane）的大小比例进行播放。播放的视频文件被移至"Assets"文件夹中的"StreamingAssets"文件夹中。

（2）设置视频播放选项

选中"VideoManager"，在"Inspector"面板的"Str File Name"选项中填入视频名称 wayong.mp4。该组件可以设置是否自动播放（B Auto Play）、是否循环播放（B Loop）等属性。该预制件本质上是一个图片和控制播放的"Media Play Ctrl"组件，故可以手动调整图片相对于识别图的大小和位置。

"Easy Movie Texture"插件不支持 PC 端的视频播放，只支持 Android 操作系统和 iOS 平台。从网络上加载视频文件，则只需要将视频文件的网络 URL 添加到"Str File Name"属性上，无须其他操作。

2.文字识别

Vuforia 对文字识别有一定的要求，首先，Vuforia 能够识别的文字大多为英文，不能识别数字和中文。其次，默认能够识别的英文单词必须是官方词库中的单词（10 万个），或者自定义添加的英文单词。

（1）插件导入

登录 Vuforia 官网，在下载页面中找到 Samples，该页面中有 Vuforia SDK 提供的基本功能对应案例，下载文字识别所需的脚本文件。

（2）实现文字识别

脚本插件包导入 Unity 3D 后删除场景自带的"Main Camera"，将"Prefabs"文件夹中的"ARCamera"预制件拖拽进场景中，然后将"TextRecognition"预制件拖拽到"ARCamera"预制件下，最后再将"Word"预制件拖拽到"TextRecognition"预制件下。登陆 Vuforia 官网，获取 License Key，将其复制到"ARCamera"游戏对象"Vuforia Behavior"组件下的 Key 位置。

选择场景中新添加的"TextRecognition"物体，在"Inspector"面板中添加"Text Even Handler"脚本，它是进行文字识别的主要脚本。选择"ARCamera"预制件，在"Inspector"面板中，"Word List"是官方案例中可识别的单词列表；"Additional Word File"表示添加自定义词库，类型为.vwl 文件。在"Inspector"面板中可以自定义添加需要识别的单词，"MaxSimultaneous Words"属性是指最大同时存在的物体的单词。其中，"black_list"表示黑名单，即将某个单词加入该名单之后就无法再识别；相对应的"white_list"则表示白名单，加入该名单的单词会优先进行识别。

点开"Word"预制件，将子对象"Text"文字改为需要自定义的文字"SWIMMING"。为了验证效果，可以在场景中的"Word"物体下创建一个识别之后要显示的物体，然后调整其位置和大小，如创建一个 Cube，最后运行并查看识别效果。

3.柱形识别

Vuforia SDK 提供了带有图像的柱形物体识别功能，柱形识别只针对柱形物体，配合包裹在柱形表面的图像来进行识别，如识别饮料瓶。

（1）Vuforia 官方案例包

登录 Vuforia 官网，进入"Downloads"页面，单击"Samples"选项，然后下载"Cylinder Targets"插件并解压，在解压完成后找到"Cylinder Targets"包并导入 Unity 3D。

在"Project"视图中的"Vuforia"文件夹下找到"ARCamera"预制件和"CylinderTarget"预制件，将这两个预制件拖至层级视图"Hierarchy"中，同时删除场景中的"Main Camera"。调整"Cylinder Target"使其处于摄像机中央，单击"Cylinder Target"对象，并单击"Inspector"面板中的"No Target Defined..."按钮，这时需要在Vuforia的"Targer Manager"中添加圆柱体目标。

（2）创建数据库

在Vuforia官网的"Develop"页面下创建一个新的数据库，命名为CylinderTargets。创建完成后打开CylinderTargets数据库，选择"Add Target"，在弹出的文件选项面板中选择第三种Cylinder，然后按照页面要求填写圆柱体的尺寸。其中的三个属性分别代表圆柱体的以下信息：Bottom Diameter指底面直径，Top Diameter指顶面直径，Side Length指边长。

在创建好识别图目标后，单击新创建的识别目标，然后选择"Upload Image"上传图片，这个图片是指包裹在圆柱体上的识别图案。

图片上传标准：①长度为"Top Diameter"（或者"Bottom Diameter"）*π；②宽度为按照具体圆柱高度确定。

所上传图片的长度一定要和上下两面的圆形周长相同，图片的宽度即圆柱的高度，如果图片尺寸不合适，则无法成功添加。上传完成返回到数据库页面，下载该数据集并导入Unity 3D中。

（3）实现柱形识别功能

数据集导入完成后，在Unity 3D中选中"CylinderTarget"，在"Inspector"面板中单击"Database"选项，在弹出的下拉菜单中选择相应的数据库名称即可。完成后场景中的圆柱体就会自动添加纹理贴图。

接下来，在"Cyclinder Target"下创建一个子物体模型，这里选择"Sphere"，将Sphere调整到合适的位置及大小。最后，运行测试圆柱体识别的效果。

4.立方体识别

Vuforia SDK提供了立方体识别的功能，该功能可以识别被图案包裹的立方体，常用于产品包装盒等物体的增强现实（AR）效果展示。

（1）下载并导入插件

登录官网，点击下载"Multi Targets"插件并解压至 Unity 3D。在解压完成后找到"Multi Targets"包并导入 Unity 3D。在工程视图"Project"中的 Vuforia 目录下找到"ARCamera"和"MultiTarget"两个预制件，将其拖到层级视图"Hierarchy"中，同时删除场景中的"Main Camera""Project"和"Hierarchy"视图。

（2）创建数据库

新建一个 Database，命名为 MultiTarget。点击新建的数据库，在弹出的文件选项面板中选择"Cuboid"。Dimension 中的属性是为了确定立方体的尺寸，分别为长、高、宽三个维度的尺寸。相应的物体的长度对应"Front""Bottom""Top"和"Back"识别图的长度，宽度对应"Left""Top""Right"和"Bottom"识别图的宽度，高度则对应"Front""Left""Right"和"Back"识别图的宽度。遵循上述步骤，各识别图上传时相对应的位置尺寸必须一致，否则会出现识别图无法上传的问题。点击"Add"添加立方体数据集后，返回"Target Manager"页面，选择添加的数据集即可进入立方体识别图上传操作界面。通过单击图右侧图形按钮打开识别图的选择框，浏览本地文件选择添加所需识别图，注意图片适当的宽高比例。

（3）实现立方体识别功能

在 MultiTarget 下创建一个扫描后要显示的模型，可以创建一个 Unity 3D 自带的"Cube"来显示识别之后的物体，调整好对应关系后点击运行即可实现立方体识别效果。

5.3D 物体识别

（1）下载并导入插件

登录官网，通过"Downloads"中的"Tools"，下载 Vuforia Object Scanner（Vuforia 物体扫描器）。Vuforia Object Scanner 是一个用于扫描物体表面识别点信息的 App，只支持 Android 操作系统。本设计采用 Samsung Galaxy S5 和 Google Nexus 5 这两款安卓手机进行操作。下载完毕并解压后会得到以下两部分的内容：①Media 文件夹：三维物体扫描图，需要采用 A4 纸打印出来。②scanner.apk：

用于三维物体扫描，需要安装在上述两款安卓手机中。

（2）扫描三维物体识别信息（点云数据）

将打印出来的纸张放在桌面上，在右上角坐标区域放置需要识别的三维物体。打开已经安装好的 App，360°扫描物体后将生成后缀名为.od 的数据文件。

手机扫描 3D 物体获取的标记点要足够多，否则将无法识别。

（3）创建数据库

接下来登录 Vuforia 官网并创建数据库，选择 3D Object，单击"Browse"按钮选择上一步中生成的数据文件，创建成功后下载数据包并将其导入 Unity 3D。

（4）实现三维物体扫描

在"Vuforia"文件夹中找到"ARCamera"和"ObjectTarget"两个预制件并拖到层级视图"Hierarchy"中。选择"ObjectTarget"，在"Inspector"面板中选择 3D 数据包。

在"ObjectTarget"下创建一个扫描成功后要显示的子对象，并调整到合适的位置及大小，本设计中创建 Unity 3D 自带的三维模型"Cube"。

6.云识别

在开发项目的过程中，当需要将识别图放置在服务器后台而不是 App 内部的时候，需要使用 Vuforia 的云识别功能。

（1）创建 License Key

登录 Vuforia 官网，单击"Develop"，在 License Manager 下创建一个 License Key，该 Liscense Key 是为了验证 App 的合法性。

（2）创建云数据库

选择"Target Manager"选项，然后点击"Add Database"来创建云识别数据库，选择"Cloud"和刚才创建的 License Key 即可添加云识别目标。创建好之后打开，选择添加图片、设置"Width"和"Name"属性值后点击"Add"按钮完成 Target 的添加。

（3）插件下载

通过访问 Vuforia 官网的"Downloads"网页，下载 Cloud Recognition Unity

插件包。

（4）创建 Unity 3D 工程

新建 Unity 3D 工程，解压插件包并将其导入 Unity 3D 工程。

导入完成后，在"Assets"文件夹中找到"Scense"文件夹并打开 Vuforia-3-CloudReco 工程。

选择"CloudRecognition"，在"Inspector"面板中找到"Access Key"和"Secret Key"，通过这两个密钥可以找到云链接的图片。再次进入 Vuforia 官网，在"Develop"选项下找到页面选项，将两个密钥分别复制到 Unity 3D 工程中要求输入密钥的地方。

选择"ARCamera"，将刚才专为云识别创建的 License Key 复制进去。最后运行测试云识别效果。云识别与本地识别的区别是，云识别测试需要设备处于联网状态。

7.智能地形

智能地形是通过增强现实（AR）技术加载出的模型与现实场景互动。

（1）插件下载

访问 Vuforia 官网，下载 Vuforia SDK 的 Unity 3D 版本。

（2）创建 Unity 3D 工程

新建一个 Unity 3D 工程并将下载好的 SDK 导入 Unity 3D。

（3）效果实现

将场景中的"Main Camera"删除，将"Vuforia"文件下的"Prefabs"里的"ARCamera""ImageTarget"和"SmartTerrain"中的"SmartTerrain"拖入场景中。

在 Vuforia 的"Develop"页面中的 License Manager 下获取 License Key 并填入框内。然后在"Target Manager"页面中上传一张识别图，下载识别目标数据文件并将其导入当前工程。

在"ARCamera"的"Inspector"面板中设置位置，在"ImageTarget"的"Inspector"面板下进行，在此选择识别图。自动开启设置。

为了方便观察，可以改变一下"SmartTerrain"中组件的材质颜色，先将这个材质球赋给"Primary Surface"；然后对"PropTemplate"的材质进行设置。

最后，运行 Unity 3D 扫描识别图，并在场景中置入一个随机的物体。扫描成功后会出现暗紫色的阴影部分，随后如果扫描出了场景中的三维物体，该物体上就会生成一个浅绿色的立方体盒子（不同设置下的颜色不同）。

8.虚拟按钮

使用 Vuforia 实现增强现实（AR）效果之后，有时需要与这些虚拟模型进行交互，同时为了使交互方式更加魔幻，用户可以在真实的识别图像上进行点击，从而触发 App 中的某些行为。Vuforia SDK 中 Virtual Button 可以实现这样的交互。

（1）插件下载

登录 Vuforia 官网，下载 Vuforia SDK 的 Unity 3D 版本。

（2）创建 Unity 3D 工程

新建一个 Unity 3D 工程并将下载好的插件导入 Unity 3D，同时将识别图数据包导入该工程。

（3）场景搭建

首先删除场景中的"Main Camera"，接着从"Vuforia"/"Prefabs"中将预制件"ARCamera"和预制件"ImageTargets"拖入场景，在预制件"ARCamera"的"Inspector"面板下添加 App License Key，并激活当前识别图信息。

在"ImageTarget"下分别创建一个"Cube"和一个"Sphere"，并将"Project"视图中"Vuforia/Prefabs"下的"VirtualButton"预制件拖入"ImageTarget"，需要两个按钮进行控制操作。然后在"VirtuallButton"的"Inspector"层级视图里分别将两个按钮重命名为"btnLeft"和"btnRight"，代表左和右两个不同的按钮。将"Cube"的棱长设置为 0.3，"Sphere"的半径设置为 0.4，将两个新建的材质球"Cube"和"Sphere"设置为不同的颜色，以便观察。

9.AR 与 Flash 动画的结合

Unity 3D 本身并不支持播放 Flash 动画，但插件 GAF Converter 可以直接将 Flash 动画导出并在 Unity 3D 环境下播放。

（1）准备 GAF 插件

登录 GAF 官网，网址为 http://gafmedia.com/downloads，分别下载电脑版和 Unity 3D 版。

下载好之后将得到 gaf.unitypackage 和 gaf-Converter-5.9.exe 两个文件，EXE 文件安装完成之后，能够将 SWF 文件直接转化为 Unity 3D 支持的资源，然后在 Unity 3D 工程中导入 gaf.unitypackage 插件包，该插件包包含了能够播放 Flash 资源的代码。

（2）实现动画播放

成功导入后项目面板中会出现 GAF 插件包，该插件包下含有 Docs、Example、Plugins、Resources、Scripts 文件包，将做好的 Flash 动画导入 Example 中，然后进行下一步的操作。

在"Assets"文件夹的 GAF 文件下找到导入的资源文件。"Baked"表示不创建子对象文件，将该 Flash 整合为一个完整的个体。"not baked"表示创建该 Flash 给部分子对象，形成可拆分对象。此处选择只在场景中创建一个整个的对象，所以选择"Baked"并点击"Add to scene"按钮，Flash 文件在 Unity 3D 场景中创建完成。

（3）用 AR 方式实现扫描

使用 Vuforia 提供的 SDK 及数据包，分别导入相应的 SDK 及在网站上加载好的数据包。将生成的对象拖到 ImageTarget 下，成为其子对象，配置增强现实（AR）环境，并调整合适的位置属性，接下来点击运行进行测试。

四、游泳教学虚拟现实系统应用

（一）游泳教学虚拟环境构建

虚拟现实（VR）系统包括硬件设备和软件支持两大部分，硬件设备提供虚拟现实环境搭建所需的必备条件，而软件则是在硬件设备的支持下呈现虚拟现实的内容，一般的虚拟现实系统主要由专业图形处理计算机、应用软件系统、输入输出设备和多媒体演示系统等组成。虚拟现实系统主要包括沉浸式和非沉浸式两种虚拟现实技术，所以接下来结合虚拟现实的基础知识和关键技术从沉浸式和非沉浸式两方面来介绍虚拟现实相关应用软件的开发。

1.非沉浸式的虚拟环境构建

非沉浸式虚拟现实技术及其虚拟视景是借助鼠标、键盘、话筒等计算机的外设，通过屏幕或摄影技术获得的实际景物数据加上部分计算机生成的环境，从而为用户营造一个理想的窗口式的虚拟环境。它的优点在于用户相对比较自由，可以同时允许多个用户进入系统。

非沉浸式的人机交互是通过用户界面来实现的，系统界面就是人机之间的信息交互的界面，从某种意义上讲它比硬件和工作环境更为重要。系统用户界面设计效果的好坏直接关系体验者的使用感受，因此用户界面必须尽最大可能满足操作者感觉（视觉、触觉、听觉等）和情感这两个层次的需求，可以通过在空间环境交互式虚拟设计中运用实体虚化的方式达到。实体虚化即虚拟空间环境建模技术、视觉跟踪等技术的综合运用，一般是根据设计师现场实际勘测的数据并结合用户的要求在虚拟空间中建立物体的几何模型，确定其空间位置和几何元素的属性，数据越详细，空间建模越逼真。

游泳教学虚拟环境建构包括游泳场建模、周围环境建模、人物建模，以及虚拟环境的材质和天空、水波效果处理与虚拟环境的渲染等。当几何模型很难准确地刻画出真实世界中存在的某些特别对象或现象时，要采用一些特别的模型构建方法，如 Unity 3D 应用开发引擎可以对气象数据进行建模，生成虚拟环境气象情况（如晴天、雾等）。虚拟空间和人物建模主要采用目前流行的 3ds Max 结合 Photoshop 软件来完成，最终使用户在虚拟环境中获取与真实环境相似的视觉感官认知。

Unity 3D 引擎是一款跨平台综合性开发工具，Unity 3D 最大的优势体现在三维渲染的效果和跨平台特性上。用户使用 Unity 3D 引擎能够制作出绚丽的 3D 视景，并实时生成查看，这些都要归功于 Unity 3D 引擎集成了强大的图形引擎和物理引擎。除此之外，Unity 3D 作为一个综合性的集成开发环境，具有可视化的编辑器、详尽的属性编辑器和动态的内容预览，提供给开发者的是一种可视化开发工作的方式。

除此之外，Unity 3D 交互开发时逻辑清晰，程序构成的基本单元是场景（Scene），多个或单个 Scene 组成一个 Unity 3D 程序，其中单个 Scene 又由一个或多个 GameObject（模型对象）组成，GameObject 的行为是由代码脚本（Script）控制的，Unity 3D 支持多种语言编写脚本。在进行虚拟现实游泳课程教学系统 PC 端交互设计时，将人物模型、泳池模型导入 Unity 3D 中，这时人物模型、泳池模型分别代表了一个 GameObject，将人物模型与 Kinect 收集到的人体关节点进行绑定并对相关代码参数进行修改，最终完成相应的交互设计。

2.沉浸式的虚拟环境构建

虚拟现实系统硬件设备需要考虑双目视差，正常情况下，因为人的双眼之间存在 55～68 毫米的水平距离，所以左右眼看到的图像是不相同的，视野范围也是不同的。就水平方向来说，人的右眼的视野范围是中心线左偏 70°到右偏 104°，左眼的视野范围是中心线左偏 104°到右偏 70°。因此，若物体处于左右眼的视野重叠区域，则左眼和右眼观察到的物体是不同的，存在视差。人的大脑将视差图像融合，从而形成一幅立体的图像。

双目图像的获取是基于双目视差原理来实现立体视觉的，首先需要获得两幅供左右眼分别观看的双目图像，分别在左右两个视点上计算同一视景的投影图，然后使用立体图像显示设备，使左右眼分别看到相对应的画面，这样用户感觉看到的图像是三维立体的，从而产生空间感。双目图像的获取方式有以下三种：①双机拍摄：使用两部摄像机同时拍摄，两部摄像机模拟人的双眼的相对位置关系并排放置；②软件模拟：运用计算机视觉和计算机图形原理，从原始图像中计算出两幅双目图像；③从虚拟的三维视景中提取：虚拟的人工环境是三维的，但在单虚拟摄像机和单显示器显示的模式下，无法直接体现出虚拟环境的三维特性，因而要采用双虚拟摄像机，两部虚拟摄像机模拟人的双眼的相对位置，同时进行渲染，并用双目图像显示设备来显示虚拟摄像机渲染出的图像。

在 Unity 3D 中要实现双目图像的分屏效果需要在 Unity 3D 中导入 CardboardSDKForUnity.unitypackage,该插件包中主要包含了脚本、编辑器脚本、shader 等，脚本中有一些重要属性，如 VR Mode 属性负责打开或关闭 VR 模式

（分屏与否）；bool VRmodeenabled [default true]属性确定场景是非立体显示（全屏显示）还是立体显示（分屏显示）。

（1）电脑端和移动端同步

在电脑端和移动端分别安装 Trinus 对应的电脑端和移动端软件，设置相同的端口号以保证电脑端和移动端在同一个网络里，为了简化连接方式，本设计将移动端与电脑端通过无线网络（Wi-Fi）进行传输，在使用无线传输时要注意移动设备与电脑都要处于同一 Wi-Fi 环境下，在电脑端操作时需要点开 Wi-Fi 热点，点击完成后，下方的密码、用户名都是灰色的。

（2）移动端画面分屏

体验者戴上 VR 头显进行观看时，移动端画面需要进行分屏显示才能实现虚拟现实的效果，这一功能的实现需要利用 3D 效果中的相关选项，伪 3D 选项中自动或关闭，移动设备都只显示一个画面，没有分屏的效果。在佩戴 VR 眼镜进行沉浸式的虚拟现实交互体验时，一定要选择打开伪 3D，这是虚拟现实交互实现的关键一步。

边缘选项中的参数决定移动端显示的两个画面到显示屏边缘的距离，通常情况下该选项不需要调整，画质可根据手机配置的实际情况进行选择。由于本设计的系统中没有其他外部传感设备，传感器类型选项选择无传感器。为了后续操作方便将镜头校准的"D5""D6""D7""D8"相关选项改成"Fl""F2""F3""F4"，即将鼠标选中相应的选项再按键盘中的"Fl""F2""F3""F4"即可，上述操作完成后，完成其他参数的调整。

（3）镜头校正

通过"镜头校正"调整移动端画面，使其达到最佳视觉效果。在调整移动端画面时，首先按"Fl"找到要调整的相关参数，再对该参数进行调整，再找到"ScaleY"，根据常用的移动端与电脑端显示比例，通常按"F2"将移动端整个画面的宽度缩短。移动端分屏的两个画面之间不需要留间隙，在"WarpY"选项中按"F3"将两个画面的长度都拉长，使两个画面的第二根线正好连接，再找到"WarpZ"选项按"F3"将两个画面的长度都拉长，使两个画面长度的边缘线拉直。

调整完"WarpZ"选项，分屏的两个画面之间虽没有缝隙但又出现了堆叠的问题，需要找到"ScaleX"选项按"F2"调整两个画面的宽度，使其都缩短，两个画面正好相连。相关数据调节完成后点击电脑端和移动端的"开始"按钮，移动端便可分屏同步显示画面，连接Kinect设备实现沉浸式虚拟交互效果。

（二）游泳教学虚拟现实交互的实现

1.体感交互的实现

（1）体感交互技术

目前体感技术的实现较多采用Unity 3D应用开发引擎与Kinect硬件设备结合的方法，与Kinect硬件设备进行数据传输主要包括以下几种方法：KinectWrapper.unitypackage插件、Open NI_Unity_Toolkit-0.9.7.4.unitypackage插件、Zigfu插件、Adevine1618插件，也可使用C#、C++或Java语言编写封装的.dll插件。在对以上几种插件的优缺点进行分析后，本设计选择采用KinectWrapper.unitypackage插件和自定义编写封装插件两种方法来实现Unity 3D应用开发引擎与Kinect设备的数据传输，软件环境为KinectSDKl.7版本、Unity4.5.1版本。

KinectWrapper.unitypackage插件中包含多个脚本，每个脚本在Kinect设备与Unity 3D应用开发引擎的数据传输中起不同的作用。

控制模型可将人体模型骨骼匹配到脚本暴露的骨骼变量（全局变量）上，并能将3D模型骨骼与Kinect硬件设备识别到的人体骨骼进行绑定控制人体部位的点，这些点被设置在脚本的暴露变量（全局变量）中，便于使用Kinect设备控制判断是使用Kinect物理设备还是Kinect模拟设备获取人的深度图像数据获取骨骼数据，且最多可以获取两个人的骨骼。从Microsoft Kinect SDK里获取数据，是Kinect与Unity 3D数据传输的关键。

（2）体感交互的实现

设计过程中，Unity 3D应用开发引擎与Kinect设备数据传输的关键是预制件"Kinect_prefab"的设置，在使用KinectPointController和KinectModelController V2两个脚本时，需要把这个预制件放入暴露变量SW（Skeleton Wrapper）中。

Unity 3D 应用开发引擎"Hierarchy"面板中提供了预制件"Kinect_prefab"设置的窗口，把 KinectModelControllerV2 放在人体模型的父级，在暴露的骨骼变量中放入该模型与变量对应的骨骼，将预制件"Kinect_prefab"拖拽入人体模型的 KinectModelControllerV2 暴露变量 SW 上。Kinect 设备可以控制 20 个骨骼，KinectModelControllerV2 则不止控制 20 个骨骼，所以必须把手腕、手、手指的变量都绑定在手骨骼变量上，同样，脚踝、脚的变量都绑定在模型中。而控制两个人体模型就必须设置"Player"变量的值。"Mask"变量可以设置为所有的骨骼被控制，选中"Animated"选项可以让模型播放自带动画，并需要设置"Blend Weight"（范围 0~1），"Blend Weight"的值决定动画和 Kinect 驱动动作的合成动作效果。绑定所有的骨骼变量配合 Kinect 运行，虚拟环境中的人物模型便可以随着操作者动起来，并展示出与操作者相同的动作。

Kinect 设备使用前要对 Kinect 设备进行环境配置，配置所需软件有 Kinect SDK for Windows、.NET Framework 4.0、Visual Studio 2010 以上版本、Windows 7 以上版本。Kinect SDK 具体的安装步骤如下：①移除 Kinect 设备，关闭 Visual Studio。②在微软官网上下载并安装 Kinect for Windows SDK 和 Kinect Developer ToolKit 文件。其中 Kinect for Windows SDK 提供 Kinect 设备驱动和设备访问，Kinect Developer Toolkit 用于程序开发。③确定 Internet 联机正常并接上 Kinect 外接电源和计算机 USB 接口，等待下载必要的驱动程序安装成功后，Kinect 设备便可以使用。环境配置完成后将 Kinect 与台式电脑或笔记本进行连接，连接完成后在 Unity 3D 应用开发引擎中打开要测试的窗口进行虚拟交互的体验。

2.沉浸效果的实现

沉浸效果的实现是通过 VR 眼镜观看手机上显示的游泳环境场景画面。要实现虚拟现实交互，则需要通过相应的软件如 3ds Max、玛雅或者 Unity 3D 创建相应的 3D 环境，在 Unity 3D 中可以导入其他系统制作的 3D 环境。游泳教学场景的创建参考本章前面所讲内容，由于市面上常见的 VR 眼镜主要是与移动端进行交互，其实现 3D 效果最基本的条件就是将手机屏幕分屏，然后通过两个镜片，左右眼得到同样的图像信息，消除双眼视角重叠带来的分离感，从而取代看到前方是距离很近的显示屏的感觉。同样，游泳教学

VR 交互实现的关键就是将电脑端 Unity 3D 所显示的画面分屏并实时显示到移动端。

　　将安装并调试好 Trinus 的移动设备和电脑设备同时运行，Trinus 电脑画面实时分成两部分显示在移动端上，完成移动端与电脑端同步后，运行 Kinect for Windows SDK 完成对 Kinect 设备的驱动与访问，Kinect 运行完成后，在 Unity 3D 中打开运行的场景，佩戴好 VR 眼镜进行沉浸式虚拟现实交互体验。

第四章 我国高校游泳教学策略改革创新

第一节 高校游泳体能教学策略改革创新

一、高校游泳耐力素质训练教学策略

（一）有氧耐力训练

（1）水中快走或大步走。水中快走与大步走训练是在深度及大腿的水池中进行。练习方式为安排 4～5 组，每组 150～300 米，每组间隔时间 5 分钟，运动强度设置为 50%～55% 最大摄氧量。

（2）定时走。在平坦场地做自然走或加快走练习。练习方式为，练习时间 30 分钟，运动强度设置为 40%～50% 最大摄氧量。

（3）大步走、交叉步走或竞走。在平坦场地做大步快走、交叉步走或几种走交替进行的练习。练习方式为安排 4～6 组，每组 1 000 米，每组间隔时间 3～4 分钟，运动强度设置为 40%～50% 最大摄氧量。

（4）沙地连续走或负重走。海滩沙地徒手快走或负重（杠铃杆或背人）走。练习方式为安排 5～7 组，每组 400～800 米，然后再进行负重走 200 米，每组间隔时间 3 分钟，运动强度设置为 45%～60% 最大摄氧量。练习时应控制心率低于 160 次/分钟。

（5）沙地竞走。在沙滩上进行竞走练习。练习方式为安排 4～5 组，每组 500～1 000 米，每组间隔时间为 3 分钟，运动强度设置为 55%～60% 最大摄氧量。

（6）竞走追逐。在平坦场地中两人一前一后相距 10 米进行竞走追逐练习。练习方式为安排 4～6 组，每组 400～600 米，每组间隔时间 2 分钟。

（二）无氧耐力训练

（1）陆地无氧耐力训练

①反复起跑。做起跑练习，起跑后跑进 30 米，每组 3～4 次，共安排 3～4 组，每次间隔时间设置为 1 分钟，每组间隔时间设置为 3 分钟。

②计时跑。做短距离重复计时跑。共安排 4～8 组，每组间隔时间设置为 3～5 分钟，训练强度设置为 70%～90% 最大摄氧量。在设定训练强度时要依据跑动距离而定。

③反复连续跑台阶。做跑台阶练习，台阶数量为 30～40 个，要求每步迈 2 级台阶，每组间隔时间设置为 5 分钟，训练强度设置为 65%～70% 最大摄氧量。

④变速越野跑。在越野路段慢跑，然后做距离为 1 000 米的快速跑，最后再做 100 米的冲刺跑，训练强度设置为 60%～70% 最大摄氧量。

⑤综合跑。做多种方向的跑。练习安排为 3～5 组，每组安排一种跑步方式，跑动距离为 50～100 米，每组间隔时间设置为 3～5 分钟，训练强度设置为 60%～70% 最大摄氧量。

⑥运球绕障碍。在球场中摆放障碍物若干，障碍物间距为 2 米。开始后训练者做快速运球绕障碍物往返跑。练习安排为 3～5 组，每组 3～5 次，每组间隔时间设置为 5 分钟。要求运球过程中不得触碰障碍物。

⑦全场跑动传接球。两人一球，在场地端线外准备。开始后两人互相传球跑向另一端线，然后折返。练习安排为 4～6 组，每组往返 4 次，每组间隔时间设置为 8～10 分钟，训练强度设置为 60%～70% 最大摄氧量。每组间隔中当训练者的心率降至 100 次/分钟后再开始下一组训练。

⑧跳绳跑。单摇跳绳跑 200 米，安排 5～8 次，每次间隔时间设置为 5 分钟。训练强度设置为 60%～70% 最大摄氧量。每组间隔中当训练者的心率降至 120 次/分钟后再开始下一次训练。训练结束后时心率达 160 次/分钟。

⑨双脚或两脚交替跳藤圈。训练者手握藤圈，做原地双脚跳藤圈练习。练习安排为 4～5 组，每组 50～60 次，每组间隔时间设置为 3 分钟，训练强度设置为 50%～60% 最大摄氧量。

⑩两人传球—绕障碍运球—跑动射门的组合训练。两名训练者持一球在足球场端线外准备。开始后向中场方向互相跑动传球，过中场后两人交叉运球，传接绕障碍，障碍的摆放方式为每隔 2 米放置一个标志杆，共摆放 10 个，然后射门。练习安排为 4～6 组，以往返 2 次为一组，每组间隔时间设置为 5 分钟，训练强度设置为 60%～65% 最大摄氧量。

（2）水中无氧耐力训练

①水中间歇高抬腿。在水深及大腿的池中做原地高抬腿练习，练习安排为 4～6 组，每组 100 次，每组间隔时间设置为 3 分钟，训练强度设置为 60%～65% 最大摄氧量。如果在池中做高抬腿跑练习，则每组间隔时间可为 4～5 分钟。

②分段变速游泳。以 50 米为距离单位做变速游泳练习，练习安排为 4～5 组，每组 250～300 米，每组间隔时间设置为 10 分钟，训练强度设置为 65%～75% 最大摄氧量。在快速阶段中的游泳速度应为最快速度的 70% 以上。

③水中变姿变速游。以 50 米为距离单位做变姿变速游泳练习，练习安排为 4～5 组，每组 250～300 米，每组间隔时间设置为 10 分钟，训练强度设置为 65%～75% 最大摄氧量。游泳的速度应包含慢、中、快三种。

④水中短距离间歇游。做不同距离的间歇游泳练习。练习安排为 3～4 组，每组 3～4 次，每次间歇 2～3 分钟，每组间隔时间设置为 10 分钟，训练强度设置为 60%～70% 最大摄氧量。游泳的速度应包含慢、中、快三种。

⑤水中追逐游。两人在出发前彼此相距 3～5 米，出发后后面的人追逐前面的人，两人采用同一种泳姿，以 50 米为单位做往返。练习安排为 3～5 组，训练强度设置为 65%～75% 最大摄氧量。训练中的运动者心率不低于 160 次/分钟。

⑥游泳接力。两人或四人以 50 米为距离做往返接力练习，泳姿不限。练习安排为 3～4 组，每人游 4 次为一组，每组间隔时间设置为 5～8 分钟，训练强度设置为 60%～70% 最大摄氧量。

（三）肌肉耐力训练

肌肉耐力素质训练的内容大部分与力量素质训练相同，但不同点在于耐力素质训练的强度更小一些，而训练的持续时间和重复次数则更多。根据不同运动项目的特点，选择不同匹配比例的训练。由于体育运动对人的四肢有更多的运用，因此在训练中应着重强调对这些部位的耐力训练。具体的肌肉耐力训练方式有以下几种。

（1）增强上肢肌肉耐力训练

①拉胶皮带。拉胶皮带的练习要与运动专项练习相结合。常见的拉胶皮带的练习有拉胶皮带扩胸或拉胶皮带支撑高抬腿，在练习时拉动的力量和次数要以运动者的身体素质为依据，训练强度设置为55%～60%最大摄氧量。

②连续引体向上或屈臂伸。做连续引体向上或屈臂伸练习。练习安排为4～6组，每组20～30次，每组间隔时间设置为5分钟，训练强度设置为50%～60%最大摄氧量。

③双杠支撑连续摆动。做双杠上直臂支撑摆动练习。练习安排为4～5组，每组40次，每组间隔时间设置为3分钟，训练强度设置为40%～55%最大摄氧量。要求摆动的幅度为两腿高于双杠的水平面，过程中两腿应保持并拢。

④双杠支撑前进。在双杠上做直臂支撑前行的练习。练习安排为3～5组，每组往返5次，每组间隔时间设置为5分钟，训练强度设置为50%～55%最大摄氧量。

⑤吊环或单杠悬垂摆体。在吊环上或单杠上做直臂悬垂练习或摆锤练习。练习安排为4～5组，每组30次，每组间隔时间设置为5分钟，训练强度设置为50%～55%最大摄氧量。摆动过程中要求身体始终保持直立，摆动幅度越大越好。

⑥手倒立。独立做手倒立练习。练习安排为3～4组，每组倒立时间为2～4分钟，每组间隔时间设置为5分钟，训练强度设置为40%～50%最大摄氧量。

（2）增强下肢肌肉耐力训练

①1分钟立卧撑。原地站好准备，开始后做立卧撑练习。练习安排为4～6组，每组1分钟，每组间隔时间设置为5分钟，训练强度设置为50%～55%最大摄氧量。为了增加运动者的训练负荷，还可穿上沙背心做该练习，或是将站起加上一个跳起的动作，如此训练可以30次为一组，每组间隔时间为10分钟。

②重复爬坡跑。在15°～20°的斜坡上做上坡跑练习。练习安排为5次，跑动距离不低于250米，每次间隔时间设置为3～5分钟，训练强度设置为60%～70%最大摄氧量。

③连续半蹲跑。半蹲的标准为大小腿成100°角左右，在这个姿势下跑进50～70米。练习安排为5～7次，每次间隔时间设置为3～5分钟，训练强度设置为60%～65%最大摄氧量。该练习可不对跑动速度做要求。

④连续跑台阶。做连续跑台阶练习。台阶高度为20厘米，每步迈2级，连续跑30～50步，重复6次，每次间隔时间设置为5分钟，训练强度设置为55%～65%最大摄氧量。间隔休息时应将心率恢复到100次/分钟以下，再开始下一次练习。为增加负荷，可在练习时给运动者的腿上绑上沙袋。

⑤沙滩跑。在沙滩上做自由跑练习。练习安排为4～6组，每组500～1 000米，每组间隔时间设置为10分钟，训练强度设置为50%～55%最大摄氧量。练习没有对速度做出明确要求，但要求有快速与慢速的显著变化。

⑥逆风跑或负重耐力跑。在有大风的天气下做持续长距离逆风跑练习。练习安排为4～6次，每次间隔时间设置为5分钟，训练强度设置为55%～60%最大摄氧量。

⑦连续换腿跳平台。在平台高度30～45厘米前做两腿交替跳平台练习。练习安排为3～5组，交替次数为60～100次，每组间隔时间设置为3分钟，训练强度设置为55%～65%最大摄氧量。练习中要求上提保持正直，两臂自然摆动。

⑧长距离多级跳。做长距离多级跳练习，练习安排为3～5组，每组跳80～100米，每组间隔时间设置为5分钟，训练强度设置为60%～70%最大摄氧量。

⑨半蹲连续跳。采取半蹲姿势做连续双脚跳练习。半蹲的标准为膝关节弯屈的角度为90°～100°。练习安排为3～5组，每组20～30次，每组间隔时间设置为5分钟，训练强度设置为55%～60%最大摄氧量。

⑩连续深蹲跳。原地做连续深蹲跳起练习。练习安排为3～5组，每组20～30次，每组间隔时间设置为5～7分钟，训练强度设置为55%～65%最大摄氧量。练习要求为落地即起。

二、高校游泳协调与柔韧素质训练教学策略

提高人体协调与柔韧素质的训练方法有很多，运动员可以采取以下方法促进自身协调与柔韧素质的提高。

（一）锥形轮子训练

（1）将若干锥形圆圈（半径3～5米）竖立在地上，保持适当间距。

（2）从一个锥形物出发向另一个锥形物跑进，每通过一个锥形物时完成一个专项运动技术，将专项技能与跑的练习结合起来。

（二）一个接一个地活动训练

（1）选择一个运动场地，场地大小规格依据练习者的运动水平而定，水平越高，场地越大。场地上摆放一排箱子。

（2）练习者分两排站在箱子两侧，面对面，其中一排是主要练习者，另一排负责干扰。

（3）负责干扰的队员向练习者扔沙包等物体，主要练习者面对正对面队员的干扰，要迅速移动闪躲，躲开干扰。闪躲过程中还要保持身体平衡，防止摔倒。

（4）一旦练习者被击中，就与干扰者互换角色。

（三）扔球训练

（1）练习者站在球上保持平衡，同伴手持球，距离练习者4米左右，两人面对面。

（2）同伴松手扔球的瞬间，练习者以最大速度向球的方向冲刺，注意通过摆臂来提速。尽可能在球第一次落地反弹后将球接住。

（3）每成功接球一次，练习者与同伴的距离就增加1米，以不断提升练习难度。

第二节 高校游泳技能教学策略改革创新

一、蛙泳教学策略

（一）腿部技术动作练习

1.陆上练习

（1）俯卧蛙泳腿模仿练习。

①目的

建立正确的动作概念，掌握规范的腿部动作方法。

②方法

在游泳池边俯卧，听教练员口令完成腿部各个环节的动作，如收腿动作、翻脚动作、蹬夹水动作、滑行。

（2）坐式蛙泳腿模仿练习

①目的

对正确的技术动作予以体会，强化正确的动作概念，对技术动作的正确路线有清晰的掌握。

②方法

坐在游泳池边，两腿并拢充分伸展，两手放身后支撑在地上。听教练员口令完成腿部各个环节的动作。收腿动作的要求是两脚尽可能向臀部靠拢，翻脚动作的要求是尽可能大幅度外翻，蹬夹腿动作的要求是动作结束后放松踝关节。先在陆地上练习，然后向游泳池边练习过渡，直至能在水中完成腿部动作。

（3）勾脚、绷脚和翻脚练习

①目的

使踝关节更灵活，对翻转动作予以体会。

②方法

坐姿，伸直两腿，脚交替勾（脚尖向上）、绷（脚尖朝前）。在勾脚的基础上外翻，脚尖方向不变。

（4）半陆半水蛙泳腿模仿练习

①目的

对正确的腿部动作路线予以掌握，提高呼吸与腿部动作的协调性。

②方法

在池边俯卧，大腿没入水里，手臂向前伸展或将池槽抓住，髋关节刚好位于水面与池边之间，听教练员的口令完成练习。听到第一个口令后，抬头呼吸，听到第二个口令后，模拟完整的腿部动作（除滑行外），反复练习。

（5）单腿站立式练习

①目的

熟练掌握翻脚动作，强化正确的动作概念。

②方法

站姿，一脚支撑重心，一脚模仿完成收腿、翻脚、蹬夹水等动作。为强化练习效果，翻脚时可以用手做辅助。

（6）辅助练习

①目的

准确掌握蹬水路线，熟练翻脚。

②方法

俯卧在游泳池边，同伴用手掌将练习者的脚掌握住，练习者在同伴的辅助下完成腿部模仿练习。

2.水中练习

（1）扶板练习

①目的

协调完成蹬夹水和呼吸的配合。

②方法

两手将打水板扶好，抬头吸气，头没入水中蹬水滑行。刚开始腿部动作和呼吸为 3∶1，逐渐过渡为 1∶1。

（2）扶水槽练习

①目的

熟练完成完整的腿部动作。

②方法

双手将池槽或池壁反手抓住，身体在水中浮起平躺，两腿并拢、伸直、放松，然后做连贯的腿部动作。先分解做收腿动作、翻脚动作、蹬夹水动作和滑行动作，然后连贯不间断地完成动作。

（3）辅助练习

①目的

规范地掌握腿部动作与呼吸的正确配合方法，与同伴相互学习，相互帮助，共同进步。

②方法

练习者身体在水面上充分伸展，同伴屈膝半蹲将练习者腰腹部轻轻拖住，练习者听口令做完整的腿部练习，同时配合呼吸。

（4）反蛙泳练习

①目的

熟练掌握腿部技术动作，保证蹬夹水的路线轨迹的正确无误，纠正大腿收腿次数不准确的错误。

②方法

在水面平躺，微收下颌，眼神注视两腿，连贯完成腿部动作。

3.常见问题与纠正

在腿部技术练习中，练习者要有意识地检查动作的准确与否，并及时纠正问题。具体来说，蛙泳腿部动作练习中常见问题如下。

（1）蹬腿时没有勾脚和外翻

游泳竞赛规则规定蛙泳运动员蹬腿时两脚要有勾脚、外翻的动作。如果没有，会减少水的推进力，影响游泳速度。

运动员大都是出于习惯而不勾脚、外翻，所以要建立正确的动作概念，形成正确的动作定型，养成正确的习惯，尤其要注重对勾脚、外翻动作的强化，如勾脚尖完成收腿、翻脚、蹬夹水练习，或进行提踵练习，对勾脚、外翻的感觉有深刻的体会。

（2）收腿后小腿平行于水面

收腿后如果小腿平行于水面，或者与水面形成太小的夹角，那么蹬水时对水面积就会明显减少，蹬水效果也就大打折扣。

练习者大腿过分内收或膝关节没有收紧是造成这一错误的主要原因。纠正方法为在水中俯卧，两臂伸直，收腿时尽可能使脚跟向手靠近，然后完成蹬腿动作。

（3）收腿和蹬腿僵硬

练习者如果腿部动作节奏错误，就会使收腿和蹬腿动作显得机械和僵硬。

练习者担心腿下沉而快速提高速度或肌肉过度收缩是造成这一错误的主要原因。为纠正该错误，练习者收腿时应保持下肢放松，收腿速度减慢，蹬腿时速度慢慢增加，不要急着加速。

（4）收腿时臀部上翘

练习者收腿时如果大腿过分内收，就会导致臀部向上翘起，为避免这一错误，练习者应该有意识地将注意力集中在小腿的内收上，而不是大腿。

（二）手臂技术动作练习

1.陆上练习

（1）陆上划水和呼吸模仿练习

①目的

对各个阶段发划水方向、路线予以掌握，把握好各阶段的游泳速度，对划水与呼吸的配合技巧予以掌握。

②方法

站在池边做好准备，身体向前倾。听口令完成外划、内划和伸臂练习，开始外划时和开始内划时分别浅呼气和深吸气，开始伸臂时呼气。

（2）半陆半水划水和呼吸模仿练习

①目的

对各个阶段发划水方向、路线予以掌握，把握好各阶段的游泳速度，对划水与呼吸的配合技巧予以掌握，并在此基础上对手臂划水的角度变化有深刻的体会。

②方法

两名练习者一组，前面练习者在游泳池边俯卧，后面练习者双脚置于前面练习者脚踝外侧以进行按压。二人听口令的同时完成划水动作，并配合正确的呼吸方法。

（3）辅助练习

①目的

熟练完成完整的手臂动作，准确掌握动作路线，对手掌划水的感觉有深刻的体会。

②方法

在游泳池边站立，或在木马、跳台上俯卧，并拢双腿，向前伸展两臂，教练员在练习者正前方，两人手掌对手掌贴住，教练员指引练习者完成手臂划水动作，并提示正确的呼吸方法。

2.水中练习

（1）浅水站立静止划手练习

①目的

熟练掌握正确的手臂动作路线。

②方法

站在水中，水面和腰齐高，向前俯身，脚不动，手臂做划水动作，目视手臂划水路线。外划、内划和伸臂时配合正确的呼吸。

（2）浅水行进间划手和呼吸练习

①目的

提高手臂划水与呼吸的协调性。

②方法

站在水中，水面和腰齐高，手臂做划水动作，呼吸要协调配合，两脚向前缓缓游泳，不追求速度，重点在于体会划水和呼吸的配合。

（3）辅助练习

①目的

强化提升手臂划水和呼吸的配合技能。

②方法

练习者和同伴一前一后站在水中，水面和腰齐高，练习者吸气，身体前俯入水，两脚并拢浮起，身后的同伴将练习者的脚踝轻轻握住，前面的练习者完成连贯划水动作，并配合正确的呼吸方式，手臂划水和呼吸协调一致。

3.常见问题与纠正

（1）划水时手掌和前臂摸水

练习者划水时，如果前臂平行于水面，或者前臂与水面仅仅保持很小的夹角，说明手掌没有与划水方向对准，出现了沉肘划水的现象，这会使划水效果大打折扣。

要纠正这一错误，就要注意在划水时将肘部抬起，增加前臂和手掌在水中的投影面积。

（2）手向后划水超过肩部

手臂划水时，如果向后划水幅度大，就不利于手臂和腿部动作的协调配合，而且最后伸臂环节也会受到很大的阻力。练习者意图通过大幅度划水来为身体游泳提供推动力是造成这一错误的主要原因。

要纠正这一错误，就要对划水动作结构和正确的划水路线有准确的认识，划水时手臂动作幅度不要太大，要和呼吸配合好，不要将注意力放在手臂划水能给身体游泳带来多大的推进力上。

（三）手臂和腿配合练习

1.陆上练习

（1）练习一

两脚并立，手臂向上伸直举过头顶且并拢，两臂分开，一腿屈膝抬起，单腿支撑，听口令模拟外划动作、内划动作、伸手蹬腿动作等。

（2）练习二

两脚开立，手臂伸直举过头顶，听口令完成外划、下蹲内划（收腿）、起立伸展手臂（蹬腿）等练习。

2.水中练习

（1）练习一

在水中先做蹬边滑行，然后闭气完成手臂和腿部的分解动作。

（2）练习二

在水中先做蹬边滑行，然后闭气完成手臂和腿部的配合动作。

3.常见问题与纠正

手臂和腿的配合练习中，最常见的问题是手臂和腿部动作同时进行，这样一来，收腿和伸臂产生的阻力分别将划臂和蹬腿产生的推进力抵消，不利于增加游速，也会消耗体力。

纠正这一错误时，要注意手臂动作要快于腿部动作，一般是快半拍。在练习过程中，为提高手臂和腿部动作的协调性，要逐渐过渡，顺序为手臂和腿部动作的分解练习→先完成连贯的手臂动作再完成连贯的腿部动作→手臂和腿部连贯配合。

（四）完整配合动作练习

1.陆上练习

（1）站立配合模仿练习

①目的

对完整配合的整个过程予以体会和感受。

②方法

站在池边，两臂向上举过头顶且并拢，一腿支撑重心，一腿放松做好练习准备。听口令完成练习，教练员喊"1"时，练习者划臂、吸气；教练员喊"2"时，练习者收腿；教练员喊"3"时，练习者伸臂并呼气；教练员喊"4"时，练习者蹬腿。

（2）俯卧配合模仿练习。

①目的

对完整配合技术的正确动作路线能够熟练掌握。

②方法

腹部趴在游泳池边的跳台上，成俯卧姿势，听教练员的口令做完整的蛙泳配合动作。

2.水中练习

学习划水、蹬夹水、呼吸 1：1：1 的正确配合方法。

练习者仰卧在水面，身体充分伸展漂浮，同伴在练习者侧面屈膝半蹲，双手在练习者的腹部位置轻压。练习者听教练员口令，在同伴的帮助下准确完成完整的蛙泳配合动作。

3.常见问题与纠正

（1）只能吸几口气

练习者在完整配合练习中，不能充分呼气，呼吸浅，所以只能吸到几口气，这会导致机体缺氧，阻碍正常游泳进程，甚至会有生命危险。解决这一问题时，要强调在吸气前的呼气应充分，要将体内的气完全排出。

（2）内划时有停顿

练习者在内划前如果吸气不及时，稍微晚一些就会导致内划动作不连贯。所以要强调早一些抬头吸气，而且滑行时在水中完成呼气，外划时抬头吸气，将吸气时间尽可能缩短，但一定不能晚吸气。

二、仰泳教学策略

（一）身体姿势分析

想要取得理想的仰泳健身效果，保持身体姿势的标准非常重要。在学习仰泳时，首先要使整个身体仰卧在水中，注意放松身体，使之保持自然舒展的状态；压低臀部的位置，使臀部埋入水中，胸部的位置比较高，略微高于水平面，而腹部和肩部的位置要比臀部稍高，在水下5～10厘米的位置，身体稍微向上倾斜，与水平面保持5°～20°的角度。之所以需要身体保持这样的姿势，是因为这样会使整个身体呈流线型，能够减少在水中仰泳时遇到的阻力，这样的姿势也非常方便腿部拍水推动身体前进。

身体能在仰泳时保持流线型，除了身体姿势的作用，头部的作用也是非常重要的，仰泳时对头部姿势的要求有以下几个。

（1）仰泳人员的颈部保持自然伸直的状态，微微收紧下颌，后脑勺可以埋到水里，但是要注意使耳朵贴到水面上，将面部置于水面之上。

（2）由于仰泳的姿势比较特殊，人们仰泳时的视线会受到很大的障碍。为了尽量让仰泳人员看到水中的状况，要求人们在进行仰泳运动时眼睛要往身体的后上方看，视线大概保持在与水面成45°角的位置。在水中游泳前进时，要求仰泳人员尽量用余光能够看见两腿拍水时激起的水花。

（3）在学习仰泳时，身体的主躯干保持着与两臂摇橹划水动作一致的节奏来回左右转动，当一只手臂划水跃出水面时，要经空中向后移动，与此同时，同侧的肩部也转出水面之上，当一只手臂划进水中时，同侧的肩部也要转入水中，而且当手掌下滑到水中并且至最深点时，手臂开始迅速向上划水，此时身体也要达到转动时的最大幅度，从水面可以发现，这时的肩颈连线与水平面的交叉角度大概为45°，而且髋部的位置和腿部的位置也应该随着肩部的转动而进行适当转变，但是幅度不能过大。

（二）转身技术分析

仰泳中的转身技术很多，一般人们将其分为平转身技术，前、后滚翻转身技术和半滚翻转身技术三种，不过常用的只有平转身技术和前滚翻转身技术两种，下面我们对这两种进行介绍。

1.平转身技术

平转身动作是仰泳运动中最简单、最基础的动作，只要围绕前后轴转动就可以了，而且因为无论头部是否在水面以上都可以进行平转身动作，所以它不仅可以用在仰泳姿势中，在其他姿势的游泳中也非常常见。

以右手触壁的转身为例，仰泳者以一定的速度向池壁靠近，在即将触碰到池壁的时候，应该借助标志绳调整转身距离和身体动作，而且左臂完成最后一次划水之后，仰泳者的右臂要摆动到头部的左前方。头部和肩部要向左偏，右手也要能够在左前方距离水面大约20厘米深的地方触壁。

2.前滚翻转身技术

前滚翻转身技术是指借助移臂时产生的向前的推动力，使整个身体绕轴转动然后形成俯卧的姿势，接着将划臂动作完成，再进行前滚翻完成整个转身动作。需要注意的是，身体从仰卧姿势转变成俯卧姿势之后，腿部不能继续做打水动作，因为身体转过去之后是垂直的，要采用俯卧姿势蹬离池壁。前滚翻转身动作也不是仰泳独有的，爬泳中的前滚翻动作和仰泳中的非常相似。

3.身体转动的效果

理想的仰泳状态下，身体的转动能达到以下效果：

（1）做手臂划出水面经过空中向前转动动作时，注意要将手臂同侧的肩膀也转出水面。产生的身体转动效果是肩部受到的水的阻力减少，相应地，手臂做动作受到的阻力也会减少。

（2）身体转动的同时将划水的手臂带入相同的水深，这样形成的姿势叫作"曲臂倒高肘"，不仅看起来非常优美，还能减轻划水时臂部的使用力量。另外，做这个动作时，划水的手臂和身体保持的角度也非常巧妙，手臂在这个角度刚好能够同时带动肩部、胸部和背部的肌肉运动，能够有效增加手臂划水的幅度。

（3）身体在转动的同时两腿要向侧面适量地打水，这样做能够减弱单侧手臂划水给身体带来的不稳定性，防止身体向一侧过度倾斜，使身体保持正确的姿势向前游动。

（4）虽然标准的仰泳姿势是很多人的追求，但是每个人的身体条件不一样，人们在进行仰泳时也不必一味追求姿势的标准度，利用自己的身体条件优势适当地调整动作也是一种值得提倡的态度。比如肩部关节比较灵活的仰泳爱好者，身体转动的幅度不用太大也能支持手臂的动作，而肩部关节灵活性差一些的仰泳爱好者，就只能使身体转动的幅度大一些来支持手臂的动作。

（三）腿部技术分析

虽然仰泳运动中人们会更加关注手臂的划水动作，但是这并不意味着腿部动作不重要。人们仰泳时会将腿部放在比较高的位置，这样能保持身体的舒展，还能够使身体呈现流线型，降低水对身体的阻力。在用一侧手臂划水时，人们还会用两腿不停地向身体两侧拍水，以此来调整身体的方向，防止单臂划水的动作带偏身体的方向。另外腿部拍水产生的力量还能成为驱动身体前进的动力，促进人们向前游进。因此，想要完全掌握仰泳这项运动，对腿部动作的学习必不可少。

仰泳的腿部动作比较简单，要点在于：要以髋关节为支点，使用大腿发力，逐步带动小腿、双脚，而且小腿和双脚要像甩鞭子的动作一样进行上下运动，同时两腿要快速交替。虽然这段话初学者也能完全理解，但是仰泳运动的精髓在于实践而不是理论。教练在进行仰泳教学的时候要亲身进行示范，让学员通过近距离的真实观察形成对腿部动作的认识，能够大概将腿部动作模仿出来。学习过程中还要注重让学员亲身体验动作，使他们能够在练习中感受动作。教练员可以先从最基础的直腿打水教起，让学员自己感受什么叫作"大腿带小腿，小腿带脚"，然后再逐步升级动作的难度，这样学员就能够慢慢掌握整套腿部动作。对学员来说，想要尽快掌握腿部动作就要经常进行练习，提高动作的熟练度。

为了加深大家对仰泳腿部动作的理解和记忆，人们将其中的动作要点提炼出来，编写成了口诀，如：大腿带小腿，两相共发力，双腿交替如甩鞭，上踢下压使劲直，脚尖膝盖不出水。

具体的腿部技术训练方法如下：

（1）在岸上模拟练习腿部打水。为了学员的安全着想，最开始的腿部打水练习在岸上进行。姿势为上半身向后仰，双手也向后撑，模拟仰泳时的上半身动作，小腿前伸，双脚伸到水中，然后双腿上下交替拍水。练习时要注意由易到难的过渡，先进行直腿练习感受拍水动作，再模拟真实的仰泳运动中的"甩鞭子"动作。

（2）进入水中练习。初学者可以利用浮板之类的工具使身体漂浮在水中，在真实的水中环境练习腿部的拍水动作。

（3）仰卧蹬池壁滑行练习。这种练习方式需要借助游泳池里的扶杆或者池槽，一开始练习者先用双手抓住扶杆或者池槽，双脚贴在游泳池池壁上。然后上半身模拟仰泳的姿势，后仰直至卧进水中，这时再松开双手，将两只手臂紧贴在身体两侧，再用双脚用力蹬池壁，使身体呈流线型在游泳池中向前游动。

（4）向下打水动作练习。向下打水动作就是整个腿部打水动作中向下打水的部分，具体动作是腿部抬起后从空中进入水中。动作要领为：髋关节为中轴，腿向下运动带动臀部和大腿的后侧肌肉收缩，大腿运动带动小腿运动，同时脚要配合向下运动。

（5）向上打水动作练习。向上打水动作是腿部打水动作中的向上部分，具体动作是腿部用力从水中抬起至空中。动作要领为：髋部腰部肌肉和肱四头肌等肌肉群要用力收缩，大腿持续向上移动，同样是大腿动作带动小腿动作，同时脚部配合向上运动。

（6)仰泳鞭状打腿动作练习。鞭状打腿动作要求两腿之间的配合度非常高，一只腿落下，另外一只腿就要接着迅速向上抬，两腿的动作起伏始终保持着固定的节奏。抬腿的高度要求是 45 厘米左右，而且两个动作的用力大小不一样，一般上抬腿的动作比较费力，而下落腿比较轻松。

（7）上踢动作练习。上踢的动作必须要快速完成。而且在上踢的时候，应该注意到不能让膝盖和脚部露出水面，不然就会影响到打腿效果。

（四）臂部技术分析

手臂动作是仰泳中最主要的动作，也是推动人体在水中向前游进最主要的动力，想要掌握仰泳技术最重要的就是要学会手臂动作。仰泳的手臂动作包括入水、抱水、划推水、出水和空中移臂五个部分，这五个动作紧密连接，相互承启。下面我们将分别对这五个动作的要点进行介绍。

1.入水练习

（1）准备动作

手臂保持在头部和侧肩连成的直线的延长线上，手臂和肘关节都保持伸直的状态，手掌朝外。

（2）入水动作

手掌和前臂形成一个 150° 的角；手掌内侧率先进入水中，其中小拇指又排在第一位，其他部位随后，这样做的好处是能够减少手臂入水时的阻力；身体要随着手臂入水的动作同时向同方向转动，这样帮助加大手臂入水的深度；入水动作完成之后，手臂的位置应该保持在水面之下的 10～15 厘米。

2.抱水练习

抱水是为了给划推水创造条件，降低划推水的难度。手臂入水以后要利用手臂移动时所产生的动力使其下滑到水下一定的深度，同时手掌在向下、向侧面移动的时候，要通过伸直肩部、弯曲臂肘、上手臂内旋和手腕弯曲的动作，来配合身体的转动，并且要使手掌和前臂一起对准水并产生压迫的感觉。当完成了抱水的动作时，肘部应稍微弯曲成 150° 左右的角度，且手掌距离水面大约 30 厘米，同时肩也保持在较高的位置。

3.划推水练习

划推水动作是指手臂划水划到身体侧面，划水时手掌掌心冲向身体，向身体下半部分划水到大腿的位置。顾名思义，划推水动作包括两部分，分别是拉水动作和推水动作。

（1）拉水动作

具体的拉水动作是指手臂的前半部分向内侧旋转，手臂弯曲，呈手掌向上、手肘向下的状态，并且随着手掌的移动，手臂的弯曲程度越来越大，当手掌移动到肩膀外侧的时候，屈臂的角度为100°，此时也达到手臂弯曲的最大程度。此外，拉水的过程中，始终要使手掌、小臂和前进的方向保持直角不变。拉水是一个非常费力的过程，为了降低拉水时的阻力，使手臂入水的深度更深，身体也要配合手臂的动作，大幅度向进行拉水的手臂的一侧转动。

（2）推水动作

推水是在手臂划水过肩侧的时候进行的，进行拉水动作时手臂肘关节和后臂逐渐向身体靠拢，同时手臂向双脚的方向用力推水。当推水快要结束的时候，小臂开始内旋然后做出转腕下压的动作,同时手掌的掌心也是从向后转为向下，而且在推水结束之时，手臂是伸直状态的，手掌也要在大腿的侧下方。因为在推水过后，仰泳者要借助手掌压水的反弹力量来实现迅速提臂出水动作。

4.出水练习

进行手臂出水动作时，手掌需要保持外旋状态，小拇指先伸出水面，然后用小拇指带动整个手臂出水，注意手臂需要保持伸直的状态。

5.空中移臂练习

手臂出水以后，手快速从大腿外侧的位置移动到肩部，注意手臂移动到空中时应该和水面保持90°。手臂移动到肩膀上方时，手掌内旋，掌心外翻。空中移臂练习最重要的两点：一是要舒展身体，手臂伸直；二是注意手臂移动的速度要非常迅速。

（五）动作配合技术分析

1.仰泳中臂、腿、呼吸配合一致

仰泳运动除了需要做好每个单独动作外，还要求各个动作之间协调一致。

仰泳运动中需要有机配合的主要有三个动作，分别是臂部动作、腿部动作和呼吸，一般一个动作周期包含 6 次打腿（左腿 3 次、右腿 3 次）、2 次划水（左臂 1 次、右臂 1 次）、1 次呼吸，人们简称其为 6：2：1。

2.呼吸和臂部动作的配合

仰泳运动因为大部分时间面部都露在水面之上，所以呼吸相对于其他游泳姿势来说没有那么困难。但是呼吸时需要注意的是，要配合动作的速度和节奏，根据动作调整呼吸，以保证无论做什么动作都能够有充足的浮力来保持身体的位置。

呼吸与臂部动作配合的具体动作为：手臂经过空中向前移动时，用口深呼吸；手臂进入水中时，深呼吸结束；划水时重复进行口、鼻呼吸。

3.两臂前后划水的配合

仰泳划水时，要求两臂之间的配合既紧密又迅速，基本上一只手的划水动作做到一半，另一只手的移臂动作也要做到一半，这样才能保证划水动作能够一直连贯进行，不中断地为身体提高前进的动力。

划水时两只手臂的动作是朝着相反的方向进行的，我们可以根据手臂动作方向的改变，对划水进行以下区分。

（1）沿螺旋曲线形向下划水以及抓水

手臂划入水中不能马上向后划水，因为此时划水会因为手臂离水面太近产生大量的空气泡，使划水产生的动力太小。正确的做法是先将手臂伸到水比较深的位置，再抓水划水。

（2）沿螺旋曲线形向上划水

沿螺旋曲线形向上划水的仰泳动作也被称为高肘划水，具体动作为：手臂在完成下划动作后，沿着身体的转动方向转动，肘关节逐渐下降，手臂向后划水时的路径呈螺旋曲线形，同时手臂能够向上、后、内三个方向划水，肘关节的弯曲程度也要不断增大。手臂滑到肩部下面时，身体的转动幅度和屈肘的程度都达到最大，分别为 45° 和 100°。

（3）呈螺旋曲线鞭状向下划水

呈螺旋曲线鞭状向下划水是一个非常适合用来冲刺的动作，一般比赛中，仰泳运动员都会在做这个动作时加速，所以对这个动作的一个非常重要的要求就是速度要快。具体的动作是：手臂呈"S"形划水，手掌向身体后方划水，这样做能够使身体获得一个阻力型前进推动力；之后身体逐渐向后花式手臂的反方向转动，手臂沿螺旋曲线的形状先向下、再向内、而后再向后加快速度划水，一直到让整个大腿完全伸直。利用这个动作划水的过程中，手掌、手腕和腿部会进行一些鞭梢抽打水的动作，目的是转移身体的用力位置，最开始发力的部位是大关节，之后变成小关节，因为小关节具有质量小的特点，所以在比较短的距离内运用小关节划水，能够保持比较快的速度。当鞭状下划即将结束时，要保持手臂伸直到大腿的下方、手掌向下与水面保持大概25厘米的距离。但是对于专业的仰泳运动员来说，他们在螺旋曲线鞭状时手指不一定都是向上的，有些人的手指会呈现向外的姿势，这样能给他们带来更大的升力。

（六）仰泳教学常见技巧

1.坐姿打水

坐在池边或地上，两手后撑，两腿伸直，腿内旋使脚尖相对，脚跟分开呈"八"字形，两腿放松，以髋为轴，大腿带动小腿，上下交替打水。

2.仰踢练习

使用腹部肌肉发力，在游泳池中仰躺，在池际进行打水练习，尽量使练习姿势接近真实的仰泳姿势。进行仰踢练习时需要双手向上做仰踢的动作，但是在实际的仰泳运动中是不会用到这种姿势的，因为这样会造成身体重心的下移而导致身体下沉。但是这种动作能够锻炼腿部的力量和灵活性，能够为腿部打水动作打基础，因此在练习中还是非常有意义的。

3.仰漂打水

以立正的姿势仰漂在水中练习打水，刚开始的力度比较小，后面力度逐渐增加。

4.抱着浮板仰式打水

在水中漂浮比较困难的人可以借助漂浮工具在水中练习打水，目的是使人们感受仰踢打水的动作要领。但是这种练习方式会产生不良的影响，如腰部无法伸展，容易使人形成错误的仰式打水姿势，一般情况下不建议借助工具进行练习。

5.划手练习

划手练习是一种不必非在水中进行的动作，主要是练习双手的力量、灵活性和双手之间配合的默契度。

6.单手仰泳

闭气姿势单手仰踢练习。以拇指领先出水上举，小指入水。划手到大腿的地方，有一个翻转手掌的动作。也有人以小指出水、小指入水的。两者皆可。

三、蝶泳教学策略

（一）腿部技术练习

1.陆地模仿练习

（1）目的

建立正确的动作概念。

（2）方法

背对着墙，两脚并立，手臂向上充分伸展举过头顶，躯干和腿部模仿水中蝶泳动作：腹部稍向前挺的同时膝微屈，然后臀部向后与墙面触碰，再伸展膝关节，重复练习。

2.扶池边练习

（1）目的

熟悉上下打水动作。

（2）方法

水中俯卧，双手扶在池边，两腿像自由泳一样打水，然后并拢两腿，在腰腹部的带动下同时打水。

3.流线型打水练习

（1）目的

对身体的流线姿势和上体的波浪动作有所体会。

（2）方法

①俯卧于水中，两臂向前伸展，两手交叉，使整个身体呈一条直线，保持

流线型泳姿，腰腹部发力带动腿上下打水，体会躯干的波浪动作。

②动作与呼吸配合时，打腿动作容易出现不连贯的问题，所以建议打腿和呼吸的比例为4∶1，这样能保证打腿动作的连贯性。

③两腿上下打水时，向上打水相对放松，向下打水较为用力，上下打水有明显的节奏感，而且速度不断加快，吸气时嘴露出水面即可，不要过分抬头，目视下方，微收下颌。

4.垂直打水练习

（1）目的

对躯干的波浪动作和打水的力量及速度感予以体会。

（2）方法

①在水中仰卧，两脚同时用力蹬池壁，两脚下垂深入水中，手臂置于体侧，头和肩在水面外，两腿快速有力打水，身体缓缓向后退，对髋部发力快速前后打水的感觉予以体会。

②膝稍屈，髋部发力带动两腿打水。

③两臂露在水面的打水练习能够增加难度，将一定重量的物体系在身上练习可以进一步发展力量。

5.反蝶泳打水练习

（1）目的

对躯干波浪动作予以体会。

（2）方法

①仰卧在水中，手臂置于身体两侧，腹部开始发力以进行鞭状打水，即从膝到脚依次向上打水。

②头和手上下起伏波动不宜太大，腹部要在水面上完成向上打水。

③膝微屈，髋关节发力向上打水，可以先在水下借两脚蹬离池壁的力打水，再过渡到水面打水，体会水下打水和水上打水的不同感觉。

④开始打水时，速度慢，幅度大，力量大，慢慢加快速度，刚开始练习时可以借助脚蹼这种辅助器材，以增加支撑力和推进力，提高腿部力量，随着不断的练习，熟练打水动作后手臂向前伸展，身体呈流线型姿势完成打水。

6.侧卧打水练习

（1）目的

提高身体对打水力度、速度的控制能力。

（2）方法

①在侧卧水中，下面手臂向头顶方向伸展，上面手臂自然放在体侧，想象鱼在水中游的姿势，身体侧摆游泳。

②每打水 4 次，头稍抬吸气，但不要改变身体姿势。

③每打水 25 米后，换方向继续练习，体会身体的波浪动作，下肢摆动幅度稍大，"摆尾"时自然屈膝。

7.水下打水练习

（1）目的

对身体流线型波浪游泳的动作感觉予以体会。

（2）方法

①俯卧在水面，两脚同时用力蹬池壁而向前移动，两臂置于体侧保持不动，眼睛注视池底，想象美人鱼在水中畅游的优美姿势，模仿美人鱼的姿势而放松畅游。

②下颌微收，身体没入水下，头、髋关节、小腿和脚先后依次入水。

③脚最后入水后，两腿马上做快速而有力的打水动作，连续完成多次打水动作后头伸出水面吸气。

8.配合练习

（1）目的

对身体波浪游泳的动作感觉予以体会。

（2）方法

①练习者在水中俯卧，同伴站在池边并手持木棍。

②练习者将同伴手中木棍的下端抓住，腰部保持放松。

③同伴持木棍朝练习者游泳的方向侧向移动，并将木棍向下压、向上拉，反复进行。

④练习者抓着木棍和同伴同时向前移动,体会身体的流线型波浪游泳动作。

9.常见问题与纠正

腿部打水练习中常见问题及纠正方法如下。

（1）腰部和腿部没有波浪动作

两腿打水时,腰腹部要发力,如果腰部不发力,只靠膝关节发力,那么打水的力主要来自小腿,这样大腿和腰部就没有明显的波浪动作,无法体会身体波浪感觉。解决这一问题,需要反复练习打水,并提示练习者腰部发力带动两腿打水。

（2）直腿向下打水

直腿向下打水也是腿部技术练习中的一个常见问题,练习者没有建立正确的动作概念和打水时腹部肌肉收缩是造成这一错误的主要原因。如果向下打水时,膝盖是伸展的,那么只能产生很小的推进力,不利于加快速度和增加力量,所以要及时改正。改正方法主要是向下打水的练习过程中强调练习者先屈膝再打水。

（3）头、肩部大幅度上下起伏

蝶泳打水技术中,手、头部、肩膀要保持相对固定的位置而不随便移动。如果练习者没有建立正确的动作概念,或者身体过分紧张,全身发力,那么就容易导致身体起伏过大。要纠正这一错误,就要建立正确的动作概念,适度放松身体,主要以腰部发力而带动两腿同时打水,减少手、头和肩部的动作幅度。

（二）手臂技术练习

1.陆上模仿练习

（1）目的

掌握正确的划水技术,体会正确的划水路线,掌握划水与呼吸的配合时机。

（2）方法

①站立,上体前屈,两臂同时模仿划水动作。

②配合呼吸继续练习。

③注意以肘领先移臂,入水时上臂主动去碰头。

2.浅水中站立或走动模仿练习

（1）目的

掌握正确的划水技术，体会正确的划水路线，掌握手臂动作与呼吸的配合时机，感受水的阻力和推进力。

（2）方法

①站在水中，水面和胸齐平，两手同时模仿蝶泳划水动作，对水的阻力和推进力予以体会。

②从站立慢慢变为走动，做行进间划水练习，体会前进的感觉。

3.夹板蝶泳划水练习

（1）目的

体会正确的划水技术、呼吸技术及划水与呼吸配合方式。

（2）方法

腿紧紧夹住打水板，做划水练习，配合正确的呼吸。

4.常见问题与纠正

手臂划水练习中常见问题及纠正方法如下。

（1）划水后出水和空中移臂有难度

在手臂划水练习中，练习者完成划水动作后，进入出水阶段，这时如果双手掌心朝上，或手臂力量弱，那么就会感到手臂出水和空中移动有难度。要解决这个问题，就要注意完成划水后借助惯性出水，手臂空中摆动也要借助这个惯性，划水时加快速度，增加力量。

（2）没有抱水就直接划水

手臂出水后，要先抱水再划水，抱水是不可缺少的环节，对后面的划水效果有直接的影响。当练习者没有建立正确的动作概念，对完整的手臂动作结构不清楚时，或者练习者担心下沉所以将全部注意力集中到竭尽全力划水时，就容易忽略抱水动作，跳过这个环节而直接划水，从而纠正上述错误，首先要建立手臂动作概念，并放松身体，强调入水后的抱水动作，抱水时肩膀下沉，手臂侧划，转动手腕，肘关节屈。

（3）直臂划水

直臂划水是手臂动作中常见的一个问题，这个错误会对划水产生的推进力产生不利影响，并增加手臂出水和空中移臂的难度。练习者未建立正确的动作概念，没有很好的水感体验，身体过分紧张是造成这一错误的主要原因。纠正直臂划水这一错误动作的方法是，首先练习者要建立正确的划水动作概念，在练习过程中放松身体，放慢速度，教练员要提示练习者划水时屈手臂，将肘部抬到一定高度，并在准备活动中通过一些水中活动练习而培养良好的水感。

（三）配合技术练习常见问题与纠正

配合技术练习中常见问题及纠正方法如下。

1.手臂与呼吸不协调

在蝶泳技术练习中，如果练习者手臂力量弱，划水无力，或者太晚才抬头，就会导致吸气困难，手臂和呼吸缺少良好的配合。要纠正这个错误，一方面要加强手臂力量训练，增强手臂力量，使划水力量和速度都有所提升；另一方面要及时抬头，保证嘴巴能在水面上顺利吸气。

2.手臂和腿配合不协调

练习者在蝶泳时，有时担心游慢了身体会向深水处下沉，所以手臂入水后没有来得及抱水就进入划水阶段，这样两腿打水的动作就滞后于手臂划水的动作，手脚不协调。要纠正这个错误，就要强调抱水的重要性，使手臂划水和腿打水协调一致，提高配合效果。

3.身体没有波浪动作

练习者手臂入水后如果没有将肩膀下压和将臀部提起，腰腹部也没有发力，只是通过膝关节屈伸来带动两腿打水，那么身体就不会呈波浪流线型姿势游泳。要解决这个问题，要求先建立正确的完整配合技术动作概念，并在练习中提醒练习者入水时肩膀下压、臀部上提，腰腹发力带动两腿上下打水。

第三节　高校游泳教学保障体系改革创新

一、高校游泳教学营养学保障

（一）充足的能量

相关研究结果显示，游泳运动员每天进行 4 个小时的训练，男女所需要能量分别为 $1.67 \times 10^4 \sim 2.26 \times 10^4$ 千焦/天和 $1.40 \times 10^4 \sim 1.67 \times 10^4$ 千焦/天。在游泳训练中，运动员自身的身体重量及训练强度、训练时间等因素都会影响能量消耗的量，能量消耗因这些因素的不同而存在差异。有关报道显示，国外优秀男子游泳运动员每天摄入的能量为 1.82×10^4 千焦，优秀女子游泳运动员每天摄入的能量为 9.63×10^3 千焦，这意味着男子游泳运动员每千克体重摄入 209.3 千焦能量，女子游泳运动员每千克体重摄入 150.7 千焦能量。他们的能量来源主要是糖和脂肪，男子和女子运动员从糖类中获取的能量分别占 49% 和 53%，从脂肪中获取的能量分别占 34% 和 30%。我国推荐短距离项目的游泳运动员每天补充 1.76×10^4 千焦能量，长距离游泳运动员每天补充至少 1.97×10^4 千焦能量。温度较低的水环境有刺激食欲的功效，所以同龄的游泳运动员和耐力型径赛项目运动员相比，前者的身体成分高 4%～6%。但游泳运动会造成大量能量的消耗，有些运动员虽然每天正常饮食，但是能量补充还是不够，从而影响了正常训练。如果长期都不能补充充足的能量，而且日常饮食中不注意补充碳水化合物，就会增加发生慢性肌肉疲劳的概率。在游泳训练中如果机体能量不足，当耗尽了快收缩肌纤维中的糖原时，人体就很难正常运动，也难以对身体各部位的活动进行控制，从而增加发生运动损伤的可能。因此，游泳运动员在日常膳食中必须补充充足的能量，以满足机体活动需要，预防运动损伤，提高运动能力。

（二）维生素、微量元素和无机盐充足

在人体物质代谢中，体内的无机盐、微量元素和维生素作为调节剂发挥着至关重要的作用，所以不要因为这些营养素不能直接产生能量就不注意补充。游泳运动员需要补充较多的维生素，如维生素 A、维生素 B 和维生素 C。在游泳训练中，运动员机体物质代谢加快，会消耗大量的维生素，所以要多补充一些，而且维生素储备量的增加对于促进机体工作能力的提升具有重要意义，进而对提高运动成绩有帮助。

锌、铁、铜等微量元素会在很大程度上影响人体代谢过程。能量代谢离不开锌的参与，在机体血红素中铁是非常重要的组成部分，体内酶的活力又会受到铜的影响。不同的微量元素各自发挥着重要作用，如果不及时补充，将会降低运动能力，影响运动成绩。

人体内环境稳定状态如酸碱平衡的维持离不开钙、钠、镁、钾等无机盐的参与，这些无机盐主要发挥促进体内碱储备增加和使神经系统保持兴奋状态的作用。

（三）比例适宜的能源物质

游泳运动员参加训练和比赛会消耗大量的能量，所以在饮食中要加强补充，营养全面，各类营养食物合理搭配，比例适宜，既要满足训练和比赛的需要，又要使自身的体重和体脂保持在正常范围内，在饮食的数量和质量上都要达到专项要求，满足专项需要。

能源物质比例适宜，对促进机体物质代谢和保持与提升运动能力具有重要作用。对于游泳运动员来说，脂肪、蛋白质和碳水化合物三大能源物质的适宜比例分别为30%左右、12%～15%以及55%～70%，这个比例指的是该能源物质在总热能中的比例。

（四）食物易消化，酸碱平衡

现阶段，竞技游泳运动不断发展，泳坛的竞争越来越激烈，不管是日常游泳训练还是正式游泳比赛都紧张而激烈。游泳运动员在这样的运动环境下神经系统大部分时间都处于高度兴奋状态，而且运动量的增加容易加重运动员的疲劳，影响运动员的消化系统功能。对此，游泳运动员补充的食物应该具备体积小、易消化的特点，而且食物的质量每天不超过2.5千克，否则会增加肠胃负担，影响消化。此外，游泳运动员在训练中摄氧量大，会有大量乳酸堆积在肌肉中，容易引起疲劳，所以在日常饮食中酸性食物与碱性食物的平衡也是一个非常重要的要求。

（五）食物多样，营养均衡

游泳运动员的日常膳食在总量达到要求的同时，要尽可能补充多样化的食物，例如纯热量食物，如糖、脂肪；高蛋白食物，如蛋、奶、鱼、肉、豆、禽等；维生素丰富的食物，如各种蔬菜和水果；谷类主食，如米、面、杂粮等，只有多样化的食物才能保证运动员全面吸收营养，才能满足机体在运动中对能量的需求。

（六）健康科学的膳食习惯

游泳运动员要根据自己的生活习惯和消化系统的功能水平安排与调整饮食时间。如果一天中安排了大运动量的训练或这一天要参加游泳比赛，那么在距离正式训练或比赛前的 2.5 小时内最好不要进食，要给肠胃留出足够的排空时间，还要考虑紧张情绪对肠胃消化时间的影响。而且进餐要控制好量，如果吃得太多，超过正常量，那么可能到了比赛时间还没有充分消化，从而影响正常发挥。运动后也不宜立即进餐，更不可暴饮暴食，一般在训练和比赛结束后隔半小时再进餐，这样能留出一定的时间使消化系统做好准备，也能利用这段时间来促进心肺机能恢复正常。

一般来说，游泳运动员要保证一日三餐的正常饮食，三餐提供的热能在一天中机体所需的总热能中占比不同，早餐和晚餐各占 30%左右，午餐占 40%左右。如果一天的训练量很大，能量消耗增加，那么可以中途加餐，如吃快餐或点心，这样不会影响训练时间，但快餐一定要有营养，不能随便吃，一日三餐和加餐都要保证食物多样，营养全面而丰富，保持较高的营养密度。一日三餐都很重要，但也要根据训练或比赛的需求而有所侧重，如果训练时间在上午，那么要强调早餐的重要性，早餐食物中维生素、蛋白质要丰富，热量要高一些。如果训练时间在下午，那么就要特别重视午餐。一般来说，晚餐不宜摄入高热量的食物，否则会对睡眠质量和第二天的训练造成影响。不管侧重哪一餐，都要控制饮食量，不能随便大吃大喝，以免加重肠胃负担，增加训练或比赛中发生运动伤病的风险。

健康的饮食原则还包括不抽烟、不喝酒，不喝含酒精的各种饮品，对肠胃有很大刺激的食物也不宜吃，饮食有节，游泳运动员如果可以严格要求自己，规范饮食，不暴饮暴食，那么对保持健康和提高运动水平具有重要意义。

二、高校游泳教学康复学保障

（一）肌肉痉挛

1.原因

游泳训练中发生肌肉痉挛的常见原因如下。

（1）下水前准备活动不充分，身体各器官及肌肉组织没有活动开，下水后突然做剧烈的蹬水和划水动作容易引起肌肉痉挛。

（2）低温水刺激肌肉使肌肉突然收缩而出现肌肉痉挛。

（3）情绪紧张，心理状态不佳。

（4）技术不正确、动作不协调。

（5）游泳时间长，机体大量散热，过度疲劳等。

2.处理

无论什么部位发生肌肉痉挛，都要及时采取拉长肌肉的办法来进行紧急处理，否则容易出现危险。常见肌肉痉挛处理。

（1）大腿肌肉痉挛

深吸气，在水中仰卧，弯曲肌肉痉挛腿膝关节使大小腿折叠，双手将小腿抱住以促进折叠，大腿尽可能向胸部靠近。双手放开小腿，伸直腿。反复进行。

（2）小腿肌肉痉挛

深吸气，在水中仰卧，肌肉痉挛腿异侧手将肌肉痉挛腿脚趾抓住拉向身体方向，抽筋腿同侧手置于抽筋腿膝盖处以帮助抽筋腿伸直，保持这个动作，直至消除痉挛。然后对小腿肌肉进行揉捏，并轻轻抖动，缓解小腿疼痛症状。

队友之间也可以互相帮对方消除肌肉痉挛，如练习者小腿肌肉痉挛时，脚尖勾紧，同伴用手将其肌肉痉挛腿的脚尖抓住向身体方向推压，以帮助消除症状。

3.离开危险区域

如果运动员不能及时采取方法缓解痉挛症状，就要想办法离开危险区域，具体方法如下。

（1）仰漂游

①方法一

如果下肢发生痉挛而不能活动，可以仰卧在水中，双手用力划水而向池边靠近（双脚对着目标方向）。

②方法二

如果身体其他部位发生痉挛，可以仰卧在水中，头对着目标方向朝游泳池边移动；如果手臂不能划水，那么可以靠打腿而靠近池边；如果双腿不能打水，那么可以靠手臂划水移向岸边。总之要灵活应变，视情况而对，不管是哪只手臂或哪侧腿可以动，都要努力向池边移动。

（2）踩水游

如果手臂不能活动，可以通过踩水来离开危险区域，身体在水中直立，侧着身子向池边游。

（3）滑行打水

手臂不能活动时，也可以采用滑行打腿的方法向池边游。先深吸气，头低下，两臂在体侧放松，双腿按照蛙泳、蝶泳或爬泳的打水动作而用力打水，慢慢向池边靠近，大约每隔10秒就抬头换气。

4.漂浮休息

发生肌肉痉挛后，运动员身体活动能力下降，体力不支，无法继续训练，这时可以选择漂浮休息来恢复体力或等待同伴的援助。

（1）垂直漂浮休息

头部出水面呼吸2～3秒，低头，两臂小幅度划2～3下，放松身体，两臂向上伸展，分开两腿，缓慢吐气6～10秒。两臂向下划水，两腿用力蹬水，抬头吸气，反复进行。

（2）仰卧漂浮休息

在水中呈仰卧姿势，双臂向上伸展，分开两腿。做长而深的吸气，缓慢呼气，稍屏息。可对身体姿势进行调整以保持平稳的漂浮状态，如果腿部向下沉，那么伸出手臂，手腕弯曲，如果效果不明显，则缓缓屈伸肘关节，慢慢调整身体姿势，找到最好的、最舒服的状态，保持重心稳定。

5.预防

（1）多补充热量，补充钠、钙、磷等无机盐，夏天进行游泳训练时对淡盐水和维生素的补充尤为重要。

（2）先做好充分的准备活动再下水练习，准备活动中要适度按摩容易发生痉挛的部位。

（3）持续训练的时间不要太久，不要在空腹和疲劳状态下进行大强度游泳。

（4）日常生活中加强锻炼，多运动。

（二）腹痛

游泳训练中，如果运动量大，训练时间长，那么很容易发生运动性腹痛，简单地说就是肚子痛。

1.原因

（1）运动员在空腹或饱腹状态下训练，肠胃容易痉挛，从而引起肚子痛。

（2）运动员没有做好准备活动就下水训练，而且不是循序渐进加快速度，而是突然加快速度，也容易出现肚子痛的症状。

（3）如果运动员本身就有慢性阑尾炎、肠胃炎等慢性病，那么在大运动量的训练中很容易肚子痛。

2.处理

如果训练中感觉肚子痛，那么应立即减慢游泳速度，调整呼吸，对腹部轻轻按压，直至症状消失。如果没有效果，而且越来越痛，那么就要停止训练，及时医治。

3.预防

（1）平时多锻炼，增强体质。

（2）饮食合理，训练前 3 小时左右进餐，不暴饮暴食。

（3）做好准备活动再在水中训练，呼吸方式要正确。

（4）彻底治疗腹部慢性疾病，在治疗过程中要遵循医嘱进行训练。

（三）结膜炎

1.症状

结膜炎是游泳训练中常见疾病之一，主要症状是游泳后眼睛局部酸涩、红肿、有异物感及流泪等，数小时后症状消失。

2.原因

游泳池内消毒水的化学刺激或不干净的河水、海水等的刺激会造成结膜炎。

3.预防

（1）在清洁的池水中游泳，游泳时戴上防水眼镜。

（2）游泳后感觉眼部不适，可点用滴眼液加以预防，不要用手揉眼。

三、高校游泳教学医务监督管理保障

（一）游泳运动训练医务监督的常用指标

游泳运动训练结束后测量运动员的即刻心率可以反映出训练过程中运动强度和运动量的大小。

1.心率

游泳教练员与运动员根据心率指标可以合理安排与控制运动强度与负荷。需要注意的是，在游泳训练过程中，如果突然加大运动强度，心率也会突然增加，但如果以稳定的强度持续训练 10 分钟左右后，运动员的心率也处于稳定状态。在运动员的心率还没有进入稳定状态前，运动员心率与运动强度的关系可以用线性关系来描述。所以游泳教练员在对运动强度进行控制的过程中将心率作为参考指标应该是在运动员的心率还未稳定前。也有教练员在运动员心率达到稳定状态后依然将心率作为调整运动强度的参考指标，这也是比较可取的，但前提是运动强度未超过运动员的最大摄氧量水平，这样才能将心率作为有效的参考指标。不过很多游泳项目训练强度都很大，超过运动员最大摄氧量的情况也很普遍，此时不能将运动员的心率作为反映运动强度的参考指标。

总的来说，在游泳运动训练中要用心率指标来反映运动强度，就要看运动强度是否超过 100%最大摄氧量，这时的心率是一个界限。游泳运动员在训练中心率达到最高水平，不代表运动强度达到最大，而当运动强度达到100%最大摄氧量时，心率就会达到最高状态。现代竞技游泳训练追求大强度训练，训练强度超过最大摄氧量很多，心率也达到最高，即使是运动结束后的即刻心率也不会超过这个心率值。

不同运动员的最高心率是不同的，所以在游泳训练中要注意训练的针对性与个性化。不同项目的游泳运动员的心率上升速度也是有差异的。一般来说，短距离游泳项目的运动员其心率上升速度快于长距离项目的游泳运动员，具体要根据专项特征来灵活运用心率这一指标。

2.皮质醇

（1）指标测试

每个月测1次，每次在周六早上七点到八点之间测量，采用放射免疫法抽取1～3毫升静脉血，将血清分离。

（2）应用方法

测试结果显示，游泳运动员皮质醇小于10微克/分升，说明其身体机能水平高。运用皮质醇这一指标可以了解运动员机体代谢的情况。游泳运动训练中，运动强度和运动量加大，机体代谢加快，血清皮质醇的值上升。在一个完整的训练周期中，恢复期是最后一个阶段，在这个阶段，倘若运动员的血清皮质醇以很慢的速度恢复，说明其机体适应能力较差，身体机能水平不高，不能适应训练强度。通过运动训练也能提高运动员的机体适应能力，这从其训练过程中皮质醇上升幅度下降的生理现象中能够体现出来。

3.血尿素

（1）指标测试

血尿素的测量一般是一周一次，选择周六早上七点到八点之间测量，抽取100微升指血进行测量，将血清分离。运动员安静状态下血尿素测量值虽然在正常范围内，但处于正常中的偏高水平。

（2）应用方法

运用血尿素指标可以评价运动员的身体机能水平，方法如下。

①大强度训练后第二天早晨血尿素测量值增加，训练周期结束时又回到正

常范围，说明运动负荷合理。

②大强度训练后第二天早晨血尿素测量值增加，但训练周期结束后依然没有恢复到正常范围，说明运动负荷过大。

③大强度训练后第二天早晨血尿素测量值没有明显变化，说明运动负荷太小。

（二）游泳运动员的自我监督

1.基础脉搏

游泳运动员的基础脉搏比其他项目运动员的基础脉搏偏低一些，男、女分别为 50 次/分和 55 次/分左右。优秀运动员的基础脉搏更低。如果游泳运动员的基础脉搏为 50 次，训练后第二天晨搏为 50 次左右，说明运动量正常，如果晨搏在 60 次以上，说明前一天运动量过大，机体未完全恢复。

游泳运动员在大运动量训练初期，因为机体还不适应运动负荷，所以基础脉搏有可能增加。随着训练的继续，基础脉搏趋于正常范围甚至呈缓慢下降趋势，这说明运动量比较适宜。如果基础脉搏数随着训练不断上升，或无规律地波动，说明运动量过大。

2.血压

运动员血压的变化能够反映出训练强度，具体有以下三种情况。

大强度训练后，高压可上升 40～60 毫米汞柱，低压下降 20～30 毫米汞柱，一般在一天内恢复。

中等强度训练后，高压上升 20～40 毫米汞柱，低压下降 10～20 毫米汞柱，一般在 20～30 分钟内恢复。

低强度训练后，高压上升 20～30 毫米汞柱，低压下降 5～10 毫米汞柱，一般在 3～5 分钟内恢复。

如果训练结束后血压一直上升，并有头晕、虚弱发力等症状，说明训练中运动量安排不当。

第四节　高校游泳教学防护体系改革创新

一、高校游泳教学卫生保健

（一）把握正确的游泳时机

作为一名游泳运动爱好者或者运动员在进行游泳训练时需要把握好游泳的时机，这是一个基本常识。总体而言，以下几种情况不适合立即参加游泳锻炼。

1.饥饿时不宜游泳

需要注意的是，运动者在空腹时最好不要下水游泳。因为，运动者在游泳的过程中会消耗人体大量的能量，如果缺乏充足的能量，就难以维持机体运动的需要，不仅不利于游泳运动训练的顺利进行，甚至还会带来一定的运动损伤，由此可见补充充足的能量十分重要。运动员在进行长时间、长距离的游泳时需要在中途补充营养成分高的食物或饮料，以满足机体所需。

2.饱食后不宜立即游泳

一般来说，人在饱食后消化器官的活动会出现不断增强的趋势。在这个时候下水游泳，血液将首先满足肌肉活动的需要，而消化器官的供血必然不足，将降低消化器官的功能，影响食物的消化和吸收。

3.剧烈运动或重体力劳动后不宜游泳

人在参加完剧烈运动后，身体会处于一定的疲劳状态，在这样的情况下参加运动，其动作会变得不协调，反应力也变弱。这个时候下水游泳，身体会产生一定的疲劳，容易发生呛水、肌肉痉挛、溺水等事故。另外，人体在参加完剧烈运动后，新陈代谢也尚未恢复正常，这个时候身体的状态非常不稳定。如果此时下水游泳，就容易受到冷水的刺激，抵抗力减弱，出现感冒等现象，这对于运动者参加游泳运动训练是非常不利的。因此在剧烈的运动后一定不要立即参加游泳运动训练。

（二）注意个人与公共卫生

1.讲究个人卫生

游泳者在参加游泳锻炼时，还需要注意个人卫生，养成良好的卫生习惯，这无论是对于个人还是集体都具有重要的作用。个人卫生需要注意以下几点。

第一，要事先准备好干净的不透明的游泳衣和游泳裤，游泳帽和游泳眼镜也可以准备好。

第二，要修短指甲，避免划伤自己或他人。

第三，要清除耳垢，防止发生耳病。

第四，游泳结束后做必要的整理活动，促进机体的恢复。

第五，上岸之后清洗眼、耳和口腔，并迅速擦干身上的水，穿上衣服，以防受凉感冒。

第六，游泳结束后最好用眼药水滴洗眼睛，以防感染沙眼或结膜炎。

第七，如果耳道进水，应及时将积水清除掉，以免伤害耳朵。

2.保护公共卫生

在游泳馆参加游泳锻炼时，除了讲究个人卫生外，还要自觉维护公共卫生。公共卫生的维护需要注意以下几个方面。

第一，在入水之前要进行淋浴，将全身冲洗干净，双脚要消毒。

第二，不乱扔东西，不在池边或池中吃东西。

第三，不随处吐痰，保持个人良好的仪态。

第四，禁止在游泳池中排便。

第五，注意游泳中的秩序，避免撞到他人。

二、高校游泳教学安全教育

（一）水质安全管理

（1）在游泳场所运行期间，水质处理员应按照国家《游泳场所卫生标准》的要求，按时检测游泳池水，并将检测结果填入游泳馆水质监测记录。

（2）通过投放消毒药剂，使余氯指标控制在 0.3～0.5 毫克/升。

（3）根据本场所的实际情况，按照游泳池水质的循环周期进行游泳水质循环净化并填写循环水泵运转记录。

（4）水质处理员应根据水质情况和反冲排放水量补充新水并做好游泳馆过滤罐反冲与补水记录，以便更好地节约和控制用水。

（二）游泳救生员的资格及配备

（1）游泳救生员必须经过救生专业部门培训，并取得职业资格证书方可上岗。

（2）按照国家标准：每250平方米配备一名游泳救生员。

（三）正常开馆的安全保障

（1）严格控制每场容量，按人均游泳面积不得少于2.5平方米计算，不得超过最高人数限额。

（2）救生器材的配备。

①救生器材包括救生观察台、游泳须知牌、救生圈、救生杆、急救板、广播宣传设施、宣传牌、警示牌、告示牌、急救药箱等。

②救生器材的数量应按照本场所的实际情况设置并处于完好状态。

③救生器材的摆放位置应满足"立即可用"状态。

（3）开放夜场必须配备足够的灯光并符合国家标准《体育场所开放条件与技术要求第1部分：游泳场所》要求。

（4）疏散通道的宽度不小于2米，并配有明显的"安全通道"等安全标志。安全门应为向外开并不得设有门槛。

（四）应急程序的启动

1.启动游泳馆应急程序

（1）各区的救生员及巡视员，发现泳客出现溺水现象后，立即相互配合，抢救上岸。

（2）救生员应对"溺水"者做出快速判断，判断其是否有呼吸和心跳，是否有受伤情况。

（3）当溺水者的呼吸和心跳停止时，救生员应立即对其进行心肺复苏并及时拨打120急救电话。

（4）在未转交专业医院或医生前，在现场和前往医院途中，抢救工作不能中断。

2.受伤的急救措施

（1）启动游泳馆应急程序。

（2）根据伤者情况初步判断病情。

（3）救生员应正确处理并尽可能地减轻病情和缓解受伤者的痛苦。

（4）及时就近送往医院抢救和治疗。

3.突发事件应急措施

（1）突发事件是指当游泳馆在培训或对外开放时，由于突然发生或将要发生，并有可能造成人员伤亡和生命遭到威胁时，如火灾、爆炸、地震、晚场突然停电等，均称为突发事件。

（2）启动游泳馆应急程序。

（3）A 岗、B 岗负责清理深水区的泳客至池岸边。

（4）C 岗、D 岗负责清理浅水区的泳客至池岸边。

（5）巡视员负责协助各救护员岗位将泳客引导至安全通道。

（6）工作人员 1 负责维护西侧安全通道的秩序。

（7）工作人员 2 负责维护东侧安全通道的秩序。

（8）工作人员 3 负责维护通往男更衣室的秩序。

（9）工作人员 4 负责维护通往女更衣室的秩序。

（五）加强安全教育

加强游泳运动参与者的安全教育也是十分重要的，这一工作应包括以下内容。

第一，要强调游泳安全的意义，树立安全意识。只有保证安全，才能真正发挥游泳对于增进身心健康的作用。对于游泳活动的组织者来说，更要清醒地认识到，不能由于疏忽大意而造成他人的不幸。

第二，要加强组织纪律教育，要求学生严格遵守有关纪律和制度，一切行动听指挥，做到令行禁止。对少年儿童，一般要求在会游泳的教师、家长或其他成人的带领下学习游泳。不会游泳者不应私自跑去"玩水"。此外，还要进行安全知识与一般救生常识的教育，使游泳者掌握一些基本的应急措施，以防不测。

第三，安全教育要结合实际情况，采取多种形式有针对性地进行。要经常宣传、反复宣传，以引起每个人的充分重视，培养游泳者的安全意识。

第五章 我国高校游泳教学改革未来展望

第一节 人文理念下我国高校游泳教学改革展望

一、以人为本理念的解读

以人为本可以归属为哲学价值论范畴，其中"本"属于"根本"的本。而"以人为本"在一定程度上回答了现实世界关于人重要性的问题，认为人是最根本的。实际上，以人为本不管是在古代还是在现代抑或是在东方或西方，其内涵存在着非常大的不同，而且不同人对其的认知也是存在较大差异，需要我们从实际出发，进行正确的引导。从某种程度上讲，以人为本思想在很早之前就已经形成了，可以追溯到古希腊时期，那时候的学者苏格拉底就已经指出"认识你自己"，而且普罗泰戈拉也指出"人是万物的尺度"。从古代思想上进行分析，以人为本思想非常丰富，而且观念也相对较多，比如重视人贵于物，"民为贵、君为轻、社稷次之"；《管子霸业》中也明确说明了以人为本的具体概念，那就是"夫霸王之所始也，以人为本。本治则国固，本乱则国危"。实际上，就历史层面的民本主义来看，存在着一定的历史局限性以及阶级局限性，其目的在于对人进行有效统治，而且将人作为手段进行分析，并不是将其作为目的进行分析，在整个传统文化的认知中，民本思想实质在于君高于民，其中的内涵是君是目的，而民是手段，那么从这个角度出发，民需要维护君的利益，则民才会具有自己存在的价值。

西方人文主义提倡尊重人性、重视人的权利，进而形成人本思潮。

现代社会发展期间，中国共产党从实际出发，根据社会发展的需求，提倡人本思想，也就是以人为本，从理论层面进行分析，这是对传统思想的一个巨大创新，如果从内容层面进行分析，则西方近代与中国古代倡导的民本思想与人本思想都存在本质区别。

从科学发展观"以人为本"思想内涵角度出发进行分析：首先，以人为本作为科学发展观内涵的一个组成部分，同时也是其核心内容，实际生活中，需要各领域的相关工作人员始终坚持以人为本，但是不能够将其孤立起来看待，需要时刻将其作为整体内容，树立起全面以及协调发展的思想，坚持可持续性的发展观。对于科学发展观来说，实际工作中应该坚持什么为本是一个非常重要的问题，我们应该将以人为本作为基础价值取向对待。其次，中国共产党认为的以人为本，实际上就是所有事情的开展都必须要紧紧围绕人民这一重要内容，而且所有事情的开展还需要依靠人民，做到为人民服务，在实际工作中必须要解决好发展为了谁的问题，并且了解发展依靠谁，从中可以得知人作为一种关键性的发展的手段，能够发挥发展目的性作用。最后，以人为本能够对主体进行明确，也可以对客体进行确定，并且能够正确了解两者的关系，明确以"谁"为本。实际上，以人为本不是以某一个人为本，也不是将团体的利益作为根本，更不是以领导干部的利益为本，最根本的就是要维护广大人民群众利益，扮演好公仆角色。该思想的提出对社会历史发展期间人的作用进行了肯定，将人放置到新的高度，反映了新的历史发展时期的价值取向。此外，以人为本同样是一种思想方式，在充分解决问题的过程中，不仅要坚持历史尺度，而且要坚持人自身的尺度。

从某种程度上讲，以人为本指出将人民利益作为最高利益来发展，能够有效满足人民群众精神文化与物质需求，增强全面发展的动力。整个社会发展过程中，应该高度重视人的发展，认识到是人民群众创造了历史，若要想促进现代化社会的快速发展，则必须要坚持以人为本，尊重人以及保障人权，在一定程度上提升广大人民群众的思想觉悟以及文化素质水平，积极创造平等机会，构建良好健康的社会环境。

二、高校游泳教学中的人本意识不足

有了新理念的指导，高校游泳教学目标、内容以及方法等都出现了新的变化，正随着时代改变而进行实时调整。然而，从长期实践结果来看，高校体育改革中，理念与实践脱节问题相对来说是比较严重的，将会带来两者发展脚步不一致的情况，难以使理论观念得到彻底贯彻，从而不能够确保课程改革的效果。此外，改革工作中，各个环节也会相互影响，一个环节出现问题，则可能会影响一系列的教学评价活动，使高校体育的整个教学评价处于薄弱状态。

（一）教学目标的人本意识不足

现阶段，一些高校设置的发展目标明显是不够科学的，目标注重成才，但是却在成人方面的目标不够清晰，也就是说，高校教师致力于使每个学生都可以称为一个领域的重要人才，但是在德育方面的教学手段相对较弱，育人教育的措施较少，课程教学内容也不多。对于教学评价工作而言，教师注重学生考试分数的多少，但是却忽视心理健康发展，不能够从综合素质角度出发，进行全面教育评价。如果该局面长时间得不到改进，则在教育目标的约束之下，高校人才培养将会是不够全面的，不能够发挥其积极作用。而且大大忽视了其产生的消极作用，最终对学生整体素质水平提升产生非常大的影响。在此过程中，学生个性被大大抹杀，将学生看作是高校教育的基础性工具以及手段，最终培养的学生难以在科学与人文、智能和情感以及知识与道德等多个方面得到全面化的发展，基于此当学生真正走向社会之后就难以得到可持续性的发展，发展后劲减弱，这样学生不仅不能够得到发展，而且社会进步发展也会丧失基础条件。整个教育活动里面缺乏了对人精神文化层面的关注，缺乏可持续发展思想的支撑，最终使人与人以及人与自然之间的矛盾不断突出，形成日益尖锐的冲突。从游泳教学目标来看，教育工作人员往往重视学生体质发展以及专业技能方面的传授，却忽视了学生在专业知识之外的其他素质的培养，包括情感层面、能力层面以及价值观层面的发展。基于此背景，学生在毕业之后往往空有满腹经纶，却存在高分低能的问题，学生自身的实践操作能力相对较弱，缺乏处理问题以及解决问题的手段，当学生走出校门之后会感觉到非常迷茫，甚至是无所适从。所以说，一些学生会出现相对严重的心理性问题，最终做出一些极端的行为，现实生活中这样的例子是不胜枚举的。

（二）教学模式的人本意识不足

1.传统游泳教学模式僵化

现阶段，传统形式的游泳教学模式已经在广大游泳课教师群体的心中根深蒂固。具体来说，传统教学活动期间，游泳课上的主体为游泳课教师，而学生往往只能够围绕着教师转，所有的行动都必须要听从教师的指挥。在游泳课堂中，教师指导学生进行某种动作的训练，讲解以及示范给学生，然后再指导学生练习以及纠正错误，然后进一步讲解以及再示范，最后学生再练习。处于游泳教学结束环节的时候，教师会要求学生集合，进行课堂小结，最后是下课。这样的一堂游泳课会非常机械地完成。从课堂气氛上看，这样的课堂是死气沉沉的，几乎是没有朝气的；在这样的游泳课堂中，学生严重缺乏主动性，表现出无精打采；游泳课教师在课堂上讲得唾沫横飞，而学生往往在下面听得昏昏欲睡，长此以往，游泳课教师自己也会丧失教学热情，学生更是失去学习的激情。这样的游泳课从表面上看是没有大问题的，然而学生的感受却是枯燥无味的。从根本原因上进行分析，为什么游泳课会使学生们失望，导致大部分学生丧失了游泳运动的兴趣，甚至会产生反感的心理呢？实际上是传统游泳课堂在实际教学活动上存在生硬刻板的问题，进而压抑了学生自身的个性化发展，难以使个性得到张扬，不能够确保学生身心得到健康发展。

2.以考为本的考试教育根深蒂固

根据实践证明，考试教育下的以考为本，带来了一系列的严重后果。为了在一定程度上扭转这种不良的教育思想，尽管相关部门已经提出了大力培养人、塑造人以及完善人的教育目标，然而从最终的实践效果上看，原有教育评价制度下的素质教育仅仅是一个美丽的口号，也可以说是一种软弱的说教。实际生活中，教师们依然是重视文化知识学习，忽视德、体、美、劳等的教育；更加注重知识记忆以及积累，却忽视了学生在创造性以及思维能力上的培养，对创新能力的培养也没有提上日程。上述现象在一定程度上违背了现代化教育教学的基本规律，对教育性质以及教育任务进行了扭曲，甚至剥夺了学生自身对于学习的兴趣以及乐趣，不利于学生全面主动地发展。

3.教学评价内容层面的人本意识不足

我国目前的高校游泳教学在内容上始终是以运动技术教育教学为主，教材也是沿用着传统竞技运动体系，竞技方面的成分重，且难度大。因实际教学期间过于重视技术动作方面的规范性，所要求的动作标准水平非常高，一些学生根本就不能够完全掌握，从而使学生逐渐丧失了对这门课程的喜爱。此外，竞技成分含量相对较高的项目一般趣味性相对较低，难以充分激发学生对于运动锻炼的兴趣以及训练的积极性，最终影响到实际教学质量以及最终的健身效果。高校游泳教材内容上的难度日益加大将会使教学评价内容在实际难度系数上大大提升。

（三）教学评价方法的人本意识不足

在"健康第一"思想的提出以及素质教育受到社会各界的关注的背景下，全方位对高校游泳课程进行改革的呼声越来越高，改革内容主要包括游泳教学内容、游泳教学方法以及游泳教学评价系统等。但是现实生活中，高校游泳课程实际教学实践以及"健康第一"思想理念之间却存在着非常大的差异。一些高校学生在经过了小学、中学体育学习后，不仅没有形成对运动锻炼的正确认知，反之产生了厌恶心理，面对体育运动考核是担忧的甚至是恐惧的。但是在课余时间或者是运动场上，大学生们往往是欢声笑语的，有的学生还会异常狂热，直接与课堂学习形成了强烈反差，学习的时候学生是呆板的以及严肃的。这种反差效果的形成，从某种程度上讲不是课程本身的错误，最终问题在于强制性教育主导高校教学，终身体育健康的理念不能够得到彻底落实，甚至与培养兴趣以及养成运动习惯的目标背道而驰，存在严重脱节的问题。实际教学期间，高校游泳课教师的教学依然是紧紧围绕着考核，学生学习仅仅是为了最终体育成绩能够合格，在教学评价方法层面的不合理性造成了学生对于游泳运动兴趣的丧失，参与运动的激情已经消失殆尽。

目前，高校游泳教学实施教学评价的过程中，一般会划分为三项：具体为平时成绩、专业化的技术考试成绩以及理论考试（或者称之为"素质测试"）。从评价方式上进行分析，主要采用定量评价方式，其中的技术考试所占比重达到60%～90%之间，该评价方式可以说是一种传统的评价方式，至今已经沿用了几十年，尽管相关部门已经进行了多次教学改革，然而这种评价方式依然没有退出评价舞台，其地位可以说是牢不可破的。

从某种程度上讲，高校游泳教学在实际评价工作中还是采用考试教育的做法。就平时成绩而言主要内容是考勤，而技术性考试成绩以及理论考试成绩则需要借助数据进行统计。具体的评价方法都归属于定量评价的范畴，就表面而言，看起来是相对公平的，然而评价方法实际上是非常单一的，难以相对真实地反映出学生的实际学习情况。教学评价很难真实反映出高校学生的心理变化情况、情感变化情况与真实的学习态度等，整个教学评价都缺乏科学性。

从教学评价主体上进行分析，主要体现两个方面：第一，是课堂教学的主体性，也就是评价谁。传统形式下的游泳课堂教学评价在具体标准上往往偏重游泳课教师对于学生的具体评价，而学生的评价就会显得可有可无，甚至被直接忽视。主体教育强调重视学生主体性地位的发挥，在明确主体性课堂教学标准的过程中，需要充分考虑到教师以及学生两者的参与情况，彻底消除传统化教学评价只重视教师而忽视学生的严重偏向趋势。第二，是评价主体性。之前对学生进行评价大部分情况下评价主体单纯是教师，换句话说教师是能够说了算的，这种情况下，学生只可以被动接受结果，并没有参与评价的真实权力，是处于被动地位的。

三、高校游泳教学中人本意识不足的纠正

（一）加强理念的贯彻

实际上，高校游泳教学层面的改革属于老生常谈问题。在整个改革过程中，确实是进行了一定的创新，但往往是理论层面上的创新，提出了一种新的教学理念。但是理念是一种理论层面的，与实践之间存在着非常大的差距，怎样让这些新的理念能够从书本走进课堂，就要求学校的相关领导的观念得到转变，引起领导的高度重视。从某种程度上讲，评价内容以及评价标准的有效制定属于集体性行为，可以说是取决于领导的制定，教师以及学生仅仅是教学大纲的基本执行者。所以说，高校游泳教学内容以及评价标准在实际设置方面必须要满足学生的实际需求，并不是一件"拍脑袋"的事情，需要引起领导的足够重

视，需要认真组织以及研究。在新理念指导下，高校游泳教学改革绝对不能够走过场，使其流于形式。实际上，我国教育主管部门在游泳教学改革方面的方向是正确的，改革思路也是非常清晰的，最终问题在于最后的贯彻执行环节，在执行的时候走了样，即便理念发生了质的变化，但是行动层面却是应付了事，对游泳课教师的监督力度不够。总之，从体育走进高校校园之后，尽管开展了多次改革活动，然而游泳教学没有出现根本性变化，始终是几十年如一日地"穿新鞋走老路"。

高校游泳教学中提倡的以人为本理念是一种理论层面的构想。如果要将这个构想有效地付诸实施，则需要相关工作人员的积极努力，为高校游泳教学部门以及高校游泳课教师创造出有效条件，确保学校的领导、教师以及学生都要从观念上实施彻底转变，从而建立起相对完善的监督管理机制，从而使这种先进理念可以深入贯彻到实践中。

以人为本理念下的高校游泳教学可以说是一种新思想以及新方法，所有东西如果要想得到充分应用以及实施，都需要有一定的过程，要求在时间基础上，计算出应用成本。当新事物孕育的时候往往会遭受层层阻碍，然而一旦播下种子，则总有一天会破土而出的，需要在阳光以及雨露滋润之下茁壮成长。

（二）纠正人本意识不足的举措

目前，游泳教学以及游泳教学评价方面存在着一定的人本意识不足，因此需要实施迫切改革。从游泳教学目标上进行分析，要求做到成才以及成人两者的并重。对于素质教育，也就是德智体美劳等多个方面的健康发展，从而确保学生可以在身体层面、智慧层面、情感层面、态度层面以及价值观等多个层面得到全面化提升。就教学主体以及教学模式而言，教师必须要给予学生主体地位充分的尊重，进而调动其学习积极性，将学生的学习主动权以及创造主动权交还到学生手中，积极拓展学生的个性化发展空间。就高校游泳教学过程而言，为了增强游泳课堂的生命力，首先要激发学生的参与热情，起到活跃教学气氛的作用，充分满足学生所具有的表现欲以及发展欲，从而使教学富有活力。借助学生的主体参与，形成和谐的高校游泳教学人际关系，破除师生以及生生之间存在的隔膜，在一定程度上增强师生以及生生的交流合作，最终建立和谐的师生与生生关系，使每个学生都具备较强的责任感与合群性，掌握足够的社交技能。其次，就高校游泳教学内容而言，要求积极改变"老面孔"，打破"一纲一本"僵化格局，给予体育教材实时调整更新。在高校游泳教学期间，学生能够自由选课以及自由选择老师，并自己选择上课时间。当学生选择完课程之后，教学评价难度系数须降低，适当增加教学评价中的趣味性较强的考核内容。技能考试层面尽量多地设置评价项目，确保学生能够自主选择最终的考试内容，从而对评价范围进行不断扩展。具体来说，高校教学评价中的定量评价方法是不能够丢弃的，要求重视质性评价，强调过程性评价，防止游泳教学方法的单一化，使每个学生都可以积极参与到实际评价主体中，学会采用多种方法相结合的评价方式开展客观性以及科学化的高校游泳教学。

（三）防止评价改革的异化

从某种程度上讲，以人为本理念为高校游泳教学注入了一针新鲜的活力剂，也为高校游泳教学的全面改革指明了方向。尽管"以人为本"理念发挥着重要的教学评价指导作用，其价值也是不容忽视的，然而对新理念的理解以及实际应用方面依然存在着诸多歧义，存在大量异化现象，需要相关部门或者是工作人员进行科学性的澄清以及正确的解读。具体的异化现象如下：

异化现象之一表现为：为了充分尊重学生，对课堂纪律进行淡化

在实际教学中坚持"以人为本"的原则已经被相关人员误解成充分尊重学生发展个性，给予学生充足的自由，学生在实际学习课堂中应该无拘无束，甚至能够无视课堂纪律以及秩序。比如，一些学生不打招呼就私自离开课堂，还有一些学生在课堂上吃口香糖以及其他吃零食等，对于教师所提问题表现出置若罔闻的态度，太过随心所欲。上述做法从表面上看是给予了学生充分的自由，但是实际上这些学生已经完全违反了课堂纪律以及教学管理标准，从而使其他学生受教育权利遭受损害。从中可以得出，"以人为本"不是不依规矩，而尊重学生权益也不表示对课堂纪律进行淡化以及错误地放弃。

异化现象之二：为了充分满足学生要求而逐渐漠视教师权益

"以人为本"在高校游泳教学中被误解为要求学生无条件地满足学生的所有愿望。实际教学期间，教师不分是非以及对错无条件地对学生各种要求进行

满足，长此以往地纵容学生，会使学生所提出来的要求数量越来越多，且更加大胆没有分寸。高校游泳教学期间，教师若是对学生提出的不合情理要求不合理地顺从以及迁就，则教师自身的合法权益甚至是人格尊严会遭受挑战。一些学校假借"尊重"之名，为学生无理要求提供条件，害怕得罪学生，从而使学生变得"唯生独尊"，还会对教师提出一些"苛刻"要求，强调教师必须要做到无私奉献，最终导致教师休息权以及获取劳动报酬权利得不到保障。在人事制度日益改革的背景下，教师薪酬和考核是直接挂钩的，教师需要被学校考核，也需要被学生考核，这样高校教师可以说是在夹缝中生存的。现阶段，一些高校学生是很现实的，不管自己学习如何以及教师的教学水平如何，只要教师给予了自己高的分值，则会在教师评价上打"√"，若是满足不了自己的要求，则会打"×"。一些高校实行教学一票否决制，一些学校领导动辄将"下岗"作为要挟筹码。因此，在此基础上，一些教师为了充分迎合学生，能够得到学生好的评价，将学生的错误"视而不见"，在实际教学管理工作上也"不敢作为"。因此，针对这种情况，高校游泳课教师们是非常无奈的，从而使教师压力感以及职业倦怠感越来越强，甚至影响了高校游泳课教师的教学积极性，不利于实际教学质量水平的提升，同时也对现有游泳教学评价方法以及管理制度提出了新的要求。

　　"以人为本"需要做到从人的发展角度出发，能够一切为了人，可以很好地了解人以及理解人，可以尊重人以及依靠人。高校游泳教学树立"以人为本"理念，需要将教师以及学生作为中心，实现"以人为本"理念的彻底贯穿落实，在实际教学工作中发挥自己的价值。从教育以人为本内涵上进行分析，主要是为了师生、尊重师生以及依靠师生。

　　教学属于学校生存的重要内容，而教师以及学生两者又是完成教学任务的主体。高校教育不仅要强调教学行为，而且要重视教师以及学生两者的共同成长，将师生发展以及维护师生利益作为工作出发点以及落脚点。具体来说，第一，要尊重学生以及理解学生，确保每个学生都可以拥有平等的受教育权利，能够为学生个性化发展空间创造有利条件，确保学生个性得到更加充分的发展，发挥尊重学生的作用。第二，尊重教师，要求尊重每位教师的劳动成果。具体表现在尊重教师尊严上，确保教师人格尊严不会受到侵害，让高校游泳课教师与其他学科教师一样，都可以得到同等的待遇，提高高校游泳课教师的参政以及议政权利，全面保护游泳课教师合法权益，能够承认游泳课教师自身的劳动成果；其次要学会关怀高校游泳课教师，给予每位教师人文关怀，不管是思想层面还是业务层面，学校应该为游泳课教师提供充足的学习机会以及良好的发展平台，让游泳课教师综合素质水平得到不断提升，增强教学能力。最后，高校游泳教学以及游泳教学评价都必须要坚持以育人为本。实际游泳教学期间，学生不仅要能够熟练掌握基础性的理论知识以及基础性的技术技能，还必须要在道德修养以及身心健康等多个方面得到全面发展，使综合素质得到不断提升。高校游泳课教师要对学生发展需求给予充分的尊重，能够有效理解、尊重以及帮助每个学生，做到严肃课堂纪律，加强教学管理，面对学生不合理需求，做到不可以一味迎合以及顺从，坚决不能推卸责任以及放弃原则。实际评价过程中，不可以教师说了算，要求学生积极参与到教学评价中，将自己作为评价主体，真正体现以人为本，使高校游泳教学改革迈上新的台阶。

异化现象之三：以人为本等于不考试了

这种理念是对以人为本理念的严重误读。从某种程度上讲，与以人为本相对的是以"物"为本，之前持有的普遍观念是关注"物"的发展，而随着以人为本理念的提出，使其逐渐转变为关注人的发展。现代社会发展的基础是物质，而发展的最终目的是人的自由发展。从某种程度上讲，该观念的认知是人类对自身发展的飞跃性发展，同时也属于人类进步的重要标志与转折点。就客观而言，"考试"具有公平的性质，实际上是指在同等条件下就结果实施公平评价，从而显示其优越性。现阶段，我们现在口中所说的"考试"是对学生实施定量评价，"量"的比重非常大。缺陷在于对学生发展期间的过程评价以及德智体美全面发展的评价严重忽视了，实际评价过程仅仅是专业知识层面上的评价，忽视育人要素价值的发挥。高校游泳教学中，坚持以人为本实际上是坚持以学生为本，时刻关注学生利益，促进每个学生都可以得到全方位发展，在整个过程中，考试仅仅是其中的一个方面，是不能够全面丢弃的。高校在搞好"考试"的过程中，应重视学生非智力因素层面的发展以及学习过程层面的评价。每位高校游泳课教师应该学会关注个体差异，做到因材施教，积极扩展评价内容的具体范围，在一定程度上增加定性评价内容，实现质性评价以及定量评价两者的并驾齐驱。这里所说的"以人为本就是不考试了"类似于我们当初对于素质教育的理解，之前我们将素质教育看作"放羊"。总之，对事物的理解不可以走极端，也不能够违反事物发展的基本规律。

（四）凸显评价内容与方法的表述

我们就以人为本发展的实际教学评价内容进行分析，探究其主要包括哪些以及评价框架的搭建，需要采用怎样的评价方法对学生真实学习情况进行客观性评价等，这些问题都是高校教育工作人员深刻探讨以及思考的关键性问题。

坚持以人为本的原则对高校学生进行教学评价主要是指对学生实施德智体美劳全面的评价，从而促使每个高校学生都可以得到均衡发展。具体来说，以人为本下的教育评价，不仅要注重技术评价，而且要关注学生的实际学习态度、学习方法与创新情况等，加强对学生的体质健康教育以及心理健康教育，充分发挥学生的优良品质，注重育人思想的贯彻落实。总之，以人为本的游泳教学评价在实际评价内容上应该涉及高校学生发展的多个方面，使评价内容得到不断扩充，比如在技术考试方面需要出示多个项目来供学生自由选择，从而使学生有更多的选择空间，从根本上提升学生在学习上的积极性，增加学习兴趣。具体来说，高校教育评价范围需要扩展到德智体美劳等多个方面，可以较为全面且客观地反映出每个高校学生的实际学习情况。之前传统形式的评价方法大多数情况下是将定量评价作为主体，但是在评价内容范围得到日益扩展的背景下，仅仅借助定量评价是不够的，因此高校教育评价方法不能够是单一化的评价，应该与传统教学评价之间形成对比，需要采用多种教学评价方法，并根据实际情况合理选择评价方法，使评价结果可以更加客观以及科学地反映出学生的真实水平，充分体现以人为本的原则。

四、以人为本下游泳教学评价的转变

传统形式的高校游泳评价主要包括技术考试以及平时成绩两个部分，在评价方法上则多是定量评价，教师一般更加重视结果，却忽视过程，这种评价方法下，高校游泳课教师操作相对简单，也非常容易被教师接受，该评价方法已经在广大游泳课教师头脑中形成了固定思维模式。但是以人为本理念的提出，要求高校游泳教学的内容要做到丰富化，评价方法应该做到多元化，更加重视学习过程评价，关注质性评价，高校游泳课教师应该在教学期间采取随堂观察以及随堂测验的方式积极开展教学评价，这样会在一定程度上增加教师的工作难度以及工作量，从而使教师在思想层面以及实践操作层面都不容易适应。若是没有规范化的监督管理制度，则教师往往会采取敷衍对付的态度，难以使以人为本教学评价理念得到有效贯彻落实，则改革努力就会最终付诸东流。实际上，这是高校教育工作者需要高度重视的问题，同时也是以人为本教学评价的局限所在。

（一）评价理念的转变

教学评价改革需要有新思想作为重要支撑。从某种程度上讲，新理念提出，可以为教学改革成功奠定良好的理论基础。以人为本作为科学发展观的重要本质以及核心内容，始终坚持全面、协调以及可持续的理念。在高校游泳教学工作中，应该将该理念作为改革标准，积极转变传统形式的评价理念，并实现新理念的有效贯彻落实。

1.以知识为本、以教材为中心向以人为本转变

长时间以来，传统形式的教学是教师作为教学中心、教材作为教学中心以及教室作为教学中心，唯独学生不是教学的中心。具体教学期间，教师会结合教材内容在教室或者是体育馆讲解理论知识，这种情况下，学生仅仅是被动地接受理论知识的传授，游泳课教师将教学任务作为教学目的，并不是为学生提供学习方法，甚至已经忽视了对学生综合素质的培养。以知识为本以及以教为中心的传统教学理念，始终存在于现有的教学实践之中，在一定程度上影响了最终教学质量以及学生素质水平的全面提高。教学期间，教师过于重视知识传授，却大大忽视能力培养；与此同时，高校游泳课教师过于强调成才，而忽视育人，并且逐渐淡化了心理素质水平提升，强调教师所发挥的主导作用。

随着改革开放的逐步推进，在邓小平理论、"三个代表"重要思想、科学发展观以及习近平新时代中国特色社会主义思想指导下，高校逐步树立了以学生

为中心的理念，致力于培养符合"三个面向"的"四有"新人，致力于培养具备较强实践能力以及创新精神的高素质人才。在以人为本教学理念中，要求教师将学生放置到教学的中心地位，促进教师以及学生两者关系的转变；从教与学关系上进行分析，应该做到以学为主以及以学生发展为中心，将把教作为一种手段，保障实现学的目的，增强每个学生在实际学习上的积极性以及主动性，让学生在获得知识的过程中学会学习的基础性方法，使自身能力得到有效培养。

以人为本的基本含义在于，是人对自身在整个社会历史发展期间主体作用的肯定，是一种新型的价值取向，更加关注对人的尊重以及对人的解放，做到一切为了人以及一切依靠人。与此同时，该理念也是一种思维方式，可以在分析问题以及解决问题的过程中，做到时刻坚持历史发展尺度以及坚持人的尺度。实际上，真正教育可以说是以人为本下的教育，可以让人充分体验美好以及体验崇高，在整个过程中感受到快乐以及体验成功，使每个人都形成正确的人生态度，具备鲜明价值判断。高校游泳教学需要做到以人为本，使每个学生都能够时刻关注知识以及技能方法对自己的影响，强调行为规范以及科学态度养成，可以说这是游泳教学评价的手段。此外，体育本身属于人文精神产物，所以说，高校游泳教学更应该体现"人文性。

高校游泳教学期间，对学生学习情况进行评价，不仅要评价学生对于学习的表象态度，还应该试图从表象当中了解学生的内在变化情况，然后分析其中的原因，实现学生评价的客观化，让每个学生都可以更好地了解自己，正确认识以及评价自己，让学生可以树立信心，充分发挥潜能，实现自我完善以及自我发展。与此同时，高校游泳教学还应该兼顾个体化差异，真正突出学习主体所具有的人格特征，实现过程以及结果两者的有机结合，更好地对学生进行科学评价。在实际评价期间，高校游泳课教师需要结合学生的日常课堂表现、对运动技能的掌握情况以及理论知识掌握水平等进行评价，采用自评、师评以及互评等多种方式，增强评价结果的综合性。此外，高校游泳课教师还必须要强调个体差异，针对基础本来就不太好以及受自身身体条件限制的学生，需要给予特殊的关怀，能够帮助他们树立起学习的信心，可以有效克服挫折以及因此带来的失败感，让每个学生都可以正确认识体育，使学生真正体会学习带来的积极作用，真正享受健身所带来的乐趣。

陈至立曾经强调指出，教育教学过程中应该坚持以人为本的科学发展观，将健康素质培养纳入全面建设小康社会的总体目标中，并将其纳入教育工作中，并将青少年自身的体质健康状况看作评价教育工作的关键性指标。高校游泳教学应该有助于学生个性的大力培养，为学生提供充足的选择空间。传统形式的一概而论性质的绝对评价标准相对来说对学生是有失公正的。所以说，在实际教学评价中，高校游泳教学的相关工作人员应该尽量多设置考核项目，为学生提供更多的选择，充分调动其学习积极性。从某种程度上讲，学生最终学习目标并不是成为运动员，其真正目标在于健身以及娱乐，并以此提高自己的生活质量水平。所以，高校游泳教学中不断提升学习过程评价环节的比重，加强学习过程的综合评价是以人为本下高校游泳教学工作不可忽视的重要内容。

2.从片面发展向全面发展转变

从某种程度上讲，人的全面发展具备两个方面的含义：从个人角度进行分析，拥有全面化素质水平的人才可以实现自身价值，从而成为为社会所需的人；从全社会角度出发，社会对于人才的要求已经发生了较大变化，要求全面化的人才，因此需要大力培养社会所需的全面化人才。以人为本理念下的高校游泳教学改革重点在于怎样落实学生全面发展以及科学发展。从某种程度上讲，游泳教学的重要手段是身体练习，学会采用科学化的锻炼手段，实现增强体质以及增进健康的目的。因此，高校游泳教学改革调整期间，需要确保每个学生都可以得到自由全面发展，教学评价模式应该更加多元化，评价需重视过程，而轻视结果。在高校游泳教学中，需要将培养学生科学的学习态度、精准的学习方法以及全面化的学习能力等作为中心，更加强调学生在整个学习过程中的真实体验以及内在感受。高校游泳教学不仅要注重学生对于基础知识的掌握，更加强调学生在各个方面综合能力的大力培养。目前市场经济发展背景下，社会发展在人才需求方面的要求更加严格，不仅要求懂技术以及会管理，而且还必须要具备较强的观察力，具有高水平的创新能力。所以说，高校学生必须要实现自身的可持续发展，使自己成长为社会所需的人才，既要拥有较强的道德修养与健康的心理素质，又要具有扎实的基本功以及过硬的专业化知识、技能，以创新思维立足现代社会。

传统形式的高校游泳考核模式已经难以适应现代化高校教育评价要求。在实际教学评价中，只有对学生成绩实施全面化综合评价，才可以促进学生创造力培养，从而增强自身的重视锻炼意识，激发学生游泳学习兴趣，最终推动高校游泳教育事业有效健康发展。所以说，高校游泳教学需要从关注学生全面发展出发，从学生身体、心理以及社会等多个方面进行转变，不仅要重视运动理论知识掌握，还必须要重视技能传授，让每个学生都可以养成运动锻炼的良好习惯，树立终身锻炼的理念。此外，高校游泳教学应该从以课堂为中心逐渐向着以学生为中心转变，重视学生全面发展以及个体化要求。

3.从急功近利发展向可持续发展转变

我们可以将人类历史发展比作一条川流不息的河流，而人类所追求的最终发展不可能是澎湃一时的短期行为。在工业经济迅猛发展的背景下，人们的发展观已经出现了根本性的转变，在认识上得到了日益进步发展，从而使"可持续发展"概念应运而生。从某种程度上讲，人要获得幸福生活以及健康工作，都必须要致力于一定的体育活动，树立运动锻炼的理念，养成运动锻炼习惯。高校学生在在校学习期间，实际上不是仅仅为了修学分获得一个体育成绩，游泳课教师也不仅仅是教会学生几个体育技术动作，教师以及学生都必须要认识到终身体育意识形成的重要性。所以说，高校游泳教学改革应该为学生健康发展提供重要支撑。实际上，教育层面的可持续发展归根结底还是人的可持续发展，那么人的可持续发展主要依靠什么呢？最终依靠的是终身学习。现阶段，高校游泳教学受到传统教育模式以及传统教育评价体系的影响，有的时候会出现僵化的问题，学生仅仅是被动地接受基础知识，忽视学习方法以及能力方面的教育，这种被动形式的高校游泳教学将会对快乐游泳学习产生不同程度上的影响，实际上学校游泳学习并不属于游泳学习的终结，换句话说更是游泳项目发展的新的开始。因此，终身体育意识培养可以说是高校学生实现可持续发展的重要手段。

将以人为本作为体育观进行分析，高校游泳教学不仅仅是为了促进学生在运动成绩以及运动水平上的提升，更多的是为了学生能够养成科学化的锻炼习惯，熟练掌握身体锻炼的重要方法与技能，并培养学生参与体育的基本意识。因此，高校游泳成绩考核应该遵循全面化以及客观化的原则，将成绩考核以及体育目的进行相互匹配，既要考核体育基础性知识、技能，又要考核参与体育的能力与态度。以人为本下的高校游泳教学需要给予学生学习方法层面的引导，从而使学生做到"得法于课内、自通于课外"，可以终身受益。

（二）内容框架的依据

1.以人为本理念

从字面意思上进行分析，以人为本当中的"人"字所代表的利益是全体人民群众的利益，从社会各基层群众角度出发考虑问题，对于"本"来说，可以理解为本源，换句话说就是根本，充分代表是广大人民的根本利益。坚持以人为本，应该尊重人民群众在社会主义发展中的地位，并且高度重视人民首创精神的培养，体现人民群众所具有的主动性与创造力，能够站在人民群众的角度，共同促发展，更好地满足物质文化需求，维护人民根本利益。与此同时，以人为本需要能够充分反映出不同部门或者是地区的根本利益，在协调工作上更加努力奋进，实现共同富裕。此外，以人为本还要求保障人民群众的各项权益，坚持维护社会公平的原则，从人民群众发展愿望出发，清楚了解其多样化需求，重视人的价值发挥，具备自由的权利。高校教学评价工作过程中要求坚持以人为本，换句话说就是要求从学生角度出发，将学生利益作为根本利益，尊重学生的权益，重视学生个性发展，从而保证每个学生都能够拥有同等公平的体育学习权利，在教育机会上是公平的。而且在教育评价中，学生应该充分发挥自身在评价工作中的主体性，积极参与教学评价，从自身根本利益出发，重视学生权益，更好地满足自身在体育学习中的个性化需求，提升全面发展水平。

2.素质教育理论

素质教育大多数情况下都是针对教育层面的，这也是其广义角度上的概念，具体来说，素质教育是指在先天条件的基础上，凭借后天教育环境影响与相关的训练，最终获得内在的知识储备，相对来说稳定性是非常强的，能够在一定程度上发挥其身心特征，实际生活中，我们可以将素质教育称之为素养。从内容上进行分析，包括道德、智力、身体素质与审美素质等成分。

当我们对素质教育含义实施界定的时候，素质教育相关法律政策规定了素质教育致力于提升全民族的素质水平，是国家教育方针之一，需要从受教育者角度与社会长远发展角度出发，针对全体学生，大大提升学生基本素养，有效培养态度积极以及能力较强的高素质人才，而且素质培养还应该包含生动发展与主动发展等特征。

我们将素质教育与全面发展教育进行对比分析，从中可以看出两者是密切相关的，而且也具有一定的一致性。具体分析，全面发展教育主要是指实现智力与体力等层面的自由发展，从而达到人在各方面相关兴趣特长和谐的状态，不仅要在审美情操上做到自由发展，而且还应该重视道德修养的自由发展。素质教育的工作重点是实现人们素质水平的全面提升。综合而言，两种教育观在培养目标与教育目标上的一致性非常强，对其进行更加深刻的分析，可以表述为素质教育是全面发展教育的完善。

3.教育部门文件

高校学生应该主动参与到学校组织的活动中，养成锻炼的良好习惯，并且自身要树立起终身体育的重要意识，能够独立完成相关的锻炼方案，增强自身的文化学习能力以及欣赏能力，学生应该具备较强身体素质与锻炼方法。此外，高校学生还应该掌握健康饮食的方法，了解健康食品的种类与划分等，做到日常行为习惯的科学化，在健康生活方式应用的基础上具备健康体魄。游泳课程学习期间，学生应该从自身体育能力水平出发，设置合理化的学习目标，并且自觉参与到游泳活动中，确保自身心理状态获得有效调整，及时改善出现的心理障碍问题，养成积极健康的生活态度，能够运用多种处理方法对不良情绪进行合理调适。

第二节　体育强国理念下我国高校游泳教学改革展望

一、"体育强国"概念

（一）从目标状态角度解释体育强国

（1）体育强国的内容由单一到综合。有学者坚持体育强国主要指的是运动竞技水平高或比赛中获得的奖牌多。

（2）部分学者认为"前列"与"一流"标识强国的体育发展水平。对体育强国的体育事业发展水平的认知既有将其界定为"前列"者，也有将其界定为"一流"者，还有部分学者将"前列"与"一流"混合使用，而"前列"与"一流"绝非指同一发展水平，这表明学者对体育强国的体育事业发展水平的标识出现不一致。

（二）从发展过程角度解释体育强国

部分学者从哲学角度解释体育强国问题，提出体育强国是一个动态的、发展的概念。我国学者对体育强国的理解存在两种观点，一种观点认为，体育强国是一个目标状态概念，即体育强国的内容由单一到综合，以"前列"与"一流"标识体育强国的体育事业发展水平，并存在使用不一致的现象；另一种观点认为，体育强国是一个发展过程概念，即体育强国是一个动态的、发展的概念，是以人的发展为核心，并服务于人的发展的过程。

二、"体育强国"特征

（一）历史性与时代性结合

将体育强国思想置于时代发展的坐标中加以审视，既不恋旧也不忘旧，而是要在不断汲取历史经验的基础上关注时代的声音，民生的需求，稳步助力体育强国的实现。

（二）人民性与权威性统一

体育强、中国强的复兴梦需要中国特色体育强国思想的引领，同时也需要党和国家制定相应的政策法规做保障，更需要依靠群众去落实政策。

（三）传统性与现代性互补

就是在体育发展的过程中以传统厚植根基，以现代指引方向，使体育事业的发展蒸蒸日上。

（四）体育文化建设要立足世界

体育强国，所谓强主要体现在文化之强，文化的强则应突出本民族文化特色。如何在与外来文化的交流过程中融入民族特色是我们建设体育强国的核心问题，只有带有本民族色彩的文化才会在本国土地上生根发芽，才会被更广泛的百姓所认同和传承。因此，体育文化的建设既要扎根于中国大地，又要放眼于全世界。

（五）体育软实力与硬实力的协调发展

体育在机制体制方面的软实力是体育硬实力提升的前提保障，是确保各项体育事业健康可持续发展的关键。如果我们把竞技体育、学校体育等各项体育事业比作体育强国建设的硬实力，那么，各项体育事业之间体制机制的有效运行和表现出来的高效，及其影响力就是体育强国的软实力。软实力和硬实力的协调发展是保证各项体育事业之间协调、统一，相互依存，共同发挥大体育系统功能的有力保障。

三、高校游泳教学与"体育强国"的关系

（一）高校游泳教学的发展是培养高素质竞技体育后备人才的重要途径

高校游泳教学不仅是国家体育后备人才培养的重要途径，同时也是青少年素质全面发展的重要阶段。高校游泳教学的持续发展，为我国的竞技体育发展培养了一大批后备人才。大力推动体育高校游泳教学的开展，是当前加速推进我国建设体育强国的一大途径。

（二）高校游泳教学的发展能促进青少年体质健康

体育强国是国家综合实力的体现，不仅要促进竞技体育的进一步发展，还要促进全民健身的开展。"少年强则国强"，要建立体育强国离不开青少年的体育发展。

和我国竞技体育的辉煌反差最大的是我国的学校体育发展不尽如人意；青少年体质健康状况连续 30 年呈下降态势。要实施体育强国战略，必须提升青少年的体质健康状况。2007 年，中共中央、国务院《关于加强青少年体育增强青少年体质的意见》的出台，虽在一定程度上提升了青少年体质健康状况，肺活量、速度、爆发力素质有所提升，但青少年的耐力素质持续下降、肥胖率和近视率居高不下。显然，青少年体质健康成为制约我国体育事业发展的短板，学校体育是提升青少年体质健康的主要途径，也成了"加快体育强国建设"的最薄弱环节。如何解决这一矛盾，推动体育强国建设成为研究的热点。通过高校游泳教学的发展，提升学生体质健康，丰富校园文化生活。

四、"体育强国"背景下高校游泳教学存在的问题

（一）大学生对体育强国政策的认知程度薄弱

当代高校大学生缺乏对体育运动的合理的人生观价值观，他们除了每天的必要上课时间外，很多人还不会安排自己的生活，自我约束能力差，这使他们的健康素养急剧下降。当下党和国家实施的体育强国战略，正是一名大学生迈向未来的转折时期，这个时代为大学生提供施展才华的大好机遇和广阔空间，所以当下大学生确定好自己的人生观、价值观、健康观、体育观是国家赋予当下大学生的历史使命。大学生只有培养出健康的体魄，才能不辜负党和人民的期望，才能更好地回报社会，这才是中华民族朝气蓬勃的生命力的象征。作为当代大学生要把握好自己的人生态度，才能在未来的拼搏中找到目标。

（二）体育教师对体育强国政策认知不足的问题

在高校游泳教学中，由于高校游泳教学教师对体育强国政策认识不足。在体育教学中，体育教师不仅要有一定的体育教学技能和体育教学素养，还要积极学习，从而更新自身教学理念和教学方法。教师要充分理解体育强国这种观念，并把这种观念作为一种更新和强化体育教学的教学手段。教师只有强化自身体育强国的相关知识，从而让学生明白当下健康素质教育的重要性，才能确立教师的教学地位，同时也能提升教师的教学质量和效率。教师通过以体育强国政策为体育教学的理想和信念，才能真正在体育领域中实现自己的职业价值。

如何将体育强国政策的先进健康理念运用到教学方法中，这是当下体育教师必须深思熟虑的问题。

五、"体育强国"背景下高校游泳教学策略

（一）明确教学定位

我国高等院校从创办以来，其初衷就决定了其属性，这就要求高校要依据社会发展需要确定学校发展的方向和教学特色。因此，教学定位一方面要具有一定的传承性，特别具有特色的大学理念；另一方面，在学校发展的不同时期，依据社会和受教育者的需求，教学者要调整思路，但也要保持总体思想的相对稳定性。

（二）传承与创新文化，提高文化的自觉性

高校作为文化的创造者、传承者、引领者，在日益广泛的国际交流和文化融合中，对本民族和自身大学文化传承和创新承担重要使命。文化传承创新影响并指导在新形势下大学精神和文化的弘扬，高校改革的深化，国家国际影响力和文化软实力的增强。

任何一所大学作为一种社会组织之所以存在，必然有其独特的组织文化，特别是一所历史悠久、特色鲜明的大学，随着时代变迁，其积淀下来的文化特色和文化精髓，是其教学的理念和精神的寄托。因此，在高校游泳教学中，对于学校体育文化的继承和培养就显得尤为关键。

（三）更新教学观念

高校游泳教学是国家培养各级各类人才和奥运人才的一条重要途径，提升高校游泳教学，对于国家体育事业的发展是相当重要的。同时，高校游泳教学是培养学生"终身体育"意识的重要阶段。因此，教师必须跟上时代发展的步伐，不断关注体育学科最前沿的科研成果，增加自己的专业知识储备，把本学科最新最有用的知识带到课堂中去。

教师的教学观念要具有鲜明的现代化意识。教学观念要与时俱进，跟上社会发展的步伐。教学观念的现代化包括教师的敬业素质、文化素质、进取精神、科学意识和创新素质等。教师在教学中需要把这些素质内化为自己的教学素养，

并实施在游泳教学过程中，使游泳教学效果更上一层楼。

（四）因材施教

因材施教的本质是促进学生的全面发展。学生的身体素质、智力和认知水平等有所不同，教师应合理设计教学计划，有针对性地因材施教。应遵循学生学习的特点和照顾个别差等生的原则。对学生的练习难度和提高难度要根据其实际学习能力决定，同样可以制定不同的评价标准。

（五）建立健全的人才培养机制

作为高等院校，学术性是高校特有的属性和功能，竞技性是高校游泳教学的主要实践内容。没有了竞技的高校游泳教学自然无法完成对游泳人才的培养，也就失去了游泳专业存在的必要。因此，高校游泳教学发展既要保持学术性的属性，又要突出游泳的竞技性特质，强化作为游泳专业所应有的特色和价值，特别是强调竞技人才的培养。当然随着社会、经济和国家体育体制改革的变化，高校游泳教学所处的内外环境也相应地有所变化。因此，这一关系的解决成为高校游泳教学的首要任务，包含着三个方面：一是学校是否具备作为大学的本质特征和功能；二是学校有没有竞技的属性；三是把学术性与竞技性两者有机融合是否成为高校游泳教学的特色和优势，来满足体育强国建设的需求。

（六）优化课堂结构

在高校游泳教学中，游泳专业教师在课堂时间比例的分配上，需要进一步改善。有的游泳专业教师在备课时忽略了时间的分配，游泳教学中，热身活动、教师示范与讲解、学生练习、集中纠错和休息等构成部分的时间分配有着一定的随意性，教师需要针对学生的特点做一个合理的规划，尤其是动作技能的示范与讲解阶段，根据学生的理解能力，决定讲解的方式和次数。另外，每个环节合理分配以后，主要是如何高效地利用时间，最好对于技术的讲解要多讲、精讲，要求学生多加练习。教师在教学中只有发挥敬业精神，不怕吃苦，才能做到有效教学。

（七）建立融洽的师生关系，创造良好的课堂气氛

教育是人和人心灵上最微妙的接触。师生之间的融洽关系是实现有效教学的前提、基础和动力。教师在教学前首先要了解学生的爱好特长、性格特点和

心理特点，尽量使自己的教学行为适应学生的年龄特征、心理特征等。教师要把学生当成自己的朋友，以朋友的心态对待学生，让其在开放、安全和轻松的体育环境中学习，这样学生才能积极主动地去学、乐学和好学，师生的感情得到良好的沟通，情景交融，更有利于教师开展教学。师生在这种良好关系的支撑下，更加努力地教和学，就会很好地实现教学目标，进而实现有效教学。

创造良好的游泳课堂气氛可以采取以下几种方法：①教师要善于发挥自己的主导作用。学生的学习热情要靠教师去带动，教师只有较好地发挥教学的主导性，才能实现热烈的课堂气氛。②教师的口令和声音要有磁性、富有感染力。教师在教学中应尽量多鼓励学生，善于在课堂中提问，提问要具有启发性和可思考性，如果学生回答正确，则要给予适当的口头表扬，以增强学生的自信。③教学方法要灵活多样，不拘一格。针对学生的特点，合理设计教学方法，既使自己讲得不多，又使学生学到更多，从而实现优秀的教学。教师只有创造良好的课堂气氛，才能得心应手地实现有效的游泳教学。

（八）构建专业团队

在游泳教学中，高校要认识到游泳教学要达成"体育强国"的推动作用，合理引进高学历的教师，并加强对游泳专业教师的培训，构建高素质、专业化的高校游泳教学团队。

第三节　后现代主义对高校游泳教学评价的启示

一、后现代主义指导下的高校游泳教学评价理念

后现代主义关于游泳教学的理念指出世界是多元化的，每个学生都是一个特殊的个体，在实际教学中不可以借助绝对统一尺度对学习水平进行衡量。与此同时，教学过程不应该将学生作为单纯的知识接受人员，应该将其作为知识探索人员。所以说，就后现代主义视角分析，游泳教学评价既要重视学习知识结果，又要重视问题的分析与解决过程。在实际教学期间，教师应该有效帮助学生及时发现自己的不足，并发扬自己的优点，了解自身学习以及身心发展状

况，不断激励自我完善以及自我发展。学生主体的定义不应该局限于教师，应该重视主体的多元化，学会以对话方式大力消除分歧，最终得出结论。与此同时，教学评价人员应该做到亲自进入现场，获得评价对象信任，两者建立密切关系，在参与观察以及行动研究的基础上收集资料，增强评价的专业性以及科学性。

（一）重视个体差异化

现阶段，游泳教学评价相关指标以及标准一般情况下都是由学术委员会专家制定而来，也有的是沿用传统形式的教学评价指标，根据统一标准实施评估以及建设，在一定程度上忽视了学生的感受，难以针对学生提出的要求来制定。在实际工作中，应该学会应用统一不变的标准积极应对始终处于动态变化中的评价系统，当获得单一结果的时候，关键之处在于已经完全丧失了观察学生，从而更好地理解学生的可能性。从实际出发，根据诸多因素有效体现出来的个体差异化学生，现有评价体系很难将其诊断出来，也难以在今后的发展道路中有效坚持终身体育。从某种程度上讲，我国高校在游泳教学评价工作中，相关指标的设置往往是围绕教学活动有效开展，该统一化的思维表现出与后现代指导思想不相适应的问题。高校游泳教学需要从时代发展的特点出发，积极建立拥有综合性思维,促进学生个性化发展以及自我发展能力培养的教育教学系统。

后现代理论，强调多元化以及异质性标准，并提倡对待同一种事物应该采用不同标准，从不同角度进行有效考查评量。对于游泳教学评价来说，要从评价学生知识技能掌握、情感态度培养以及价值观形成等方面入手。通常情况下，不同游泳项目有着差异化的教学方法、目标与硬件软件建设要求，进而体现项目课程所具有的特色性，更好地满足学生个体化差异层面的实际需求。美国学校针对游泳教学评价，在指导思想上淡化评价结果以及重视评价过程。如果学生在游泳活动参与期间，所参与的属于改造过的以及潜在性活动，则游泳课教师需要就学生的行为实施水平化的描述以及诊断。与此同时，在评价指标体系上数量是非常多的，且无统一标准，要求存在差异化的特点，可以充分体现出美国在教育层面的个性化特征。美国在游泳课程评价中，将组织形式进行划分，包括小班教学、大班教学以及讨论教学等，并且每种评价表都存在多个评价项目，不仅包括共性指标，而且还包括个性要求。从这些方法共性上进行分析，那就是致力于培养每个学生的实际操作能力以及知识技能应用能力，实现综合化能力评估。尤其关注的一点在于健康测验期间，会涉及与健康息息相关的目标，有效评价学生在经过学习之后有没有获得进步。

后现代游泳课程文化有着非常强的多元性以及自组织性，需要课程组织期间倾听来自各个方面的声音，并重视知识所具有的非稳定性以及非连续性，倡导打破现代课程所具有的权威性以及一致性特点，从而让更多变化的内容纳入课程教学中，并借助疑问以及干扰等，让课程更加丰富多彩。就教学内容而言，对于重视教学结果但是忽视过程的课程持有反对态度，课程教学期间，并不是要求学生在短时间之内就可以掌握到真理，而是要求学生在整个学习过程中享受到学习的乐趣，激发其学习积极性。后现代主义没有绝对支点，来实现真理以及秩序的合法化。整个课程设计工作中，倡导少一点真理，为学生保留更多的自由想象空间，从而帮助学生有效培养创造能力，根据个体差异以及教学目的差异等，积极构建游泳教学评价体系。

（二）强调自我评价

传统教学工作中，教师往往会要求学生做到整齐划一，指导在认知、智力以及情感等存在不同的学生完成一致性的学习任务，并且以相同标准对学生进行评价。若是教学评价中难以达到这种标准，则会给其贴上差等生或者是后进生的标签，实际上这种"公平"将会给学生带来很大不公平。在传统教育思想以及观念的严重影响之下，游泳教学评价所依据的重要理念在于游泳课教师在整个课堂教学中的相关组织教法以及教学效果等基本要求，往往不能够将学生素质能力培养指标纳入其中，进而忽视了游泳教学期间的课堂气氛营造，不会对学生的学习过程进行广泛关注。游泳教学评价在主体设置上，通常为学校领导、班主任以及任课教师等，进而造成学生处于教学评价的附属地位，甚至是被排斥的地位，经过长时间的发展，一些学生潜意识中完全接受了这种被动角色，使一些学生长期处于失落状态下，严重忽视主体需求。教师评价结果一般是教务处或者是教研室对教师实际教学水平实施评价。评价模式为"个人总结、群众评议和领导鉴定相结合"，然而实际操作中往往不会征求到游泳课教师的意见，并且忽视了学生的参与。现代游泳教学中，处于中心地位的是游泳课教师以及课本，甚至已经发展成教学权威，在这种的情况下，学生是排除在主体之外的，难以促进学生自身创新能力的培养。

整个评价主体中，游泳教学中学生这一主体属于课程开发实施以及建设的重要组成部分，发挥着不能够替代的作用，可以说学生是充分表达课程需要以及实现价值理想最为主要的途径。一个学校的游泳课程设置可不可以满足学生兴趣需求，最具有发言权的往往就是学生这一主体。在后现代主义理论指导下，游泳教学更加关注边缘文化与边缘学科，强调学生自主性，倡导开放教学边界以及解放学生个性，去除教学权威这一概念。

在后现代人文范式教学评估中，主体并不属于上下层级关系，其相互间的关系是平等的非线性关系。教学评价过程期间，要求学生积极参与评价，从而更好地对学生有一个全面化的认知，增强游泳教学评价的科学性以及合理性。此外，后现代范式的教学评价强调学生的实际需求，致力于满足学生的个性化需求，让每个学生都能够满意，这种标准既能够满足学生提出的关于课程方面的需求，又能够满足学生所隐含的内在需求，游泳课教师自评期间尤其要重视该方面的大胆突破。此外，游泳课教师自评工作中，需要严格遵循"教者必以正"的原则。孟子指出真正教育不是机械化传授，应该做到教育者的以身作则，从而建立起典型示范，对于受教人员来说应该真诚地模仿该典型。孟子还指出"有大人者，正己而物正者也""其身正，而天下归之""以力服人者，非心服也，力不瞻也；以德服人者，中心悦而诚服也"。从中可以得知，孟子要求施教人员需践行正道以及树立楷模，若是自身不可以树立典型，那么就算是亲如家人，也难以发挥施教价值。教师必须要做到德高为师以及学高为范。根据后现代主义的思想，强调教学期间将学生作为完整的个人，并不是一个相同标准的人。针对不同类型的人需要接受不同教学，充分反映个别化教学以及注重差异性。实际教学期间，游泳课教师应该学会下放一定的话语权，使学生在对待问题的时候，可以超越单一视角。

大学生在整个学习过程中，重要的不是学习了哪些知识，最为重要的一点在于有没有提高自己的审美情趣以及社会道德修养，可不可以培养相对健康的态度，是否能够树立正确的价值观以及世界观。在后现代理论中，倡导创造性属于非常重要的特征，从学生学习任务上进行分析，关键点在于借助创造性学习获得生命质量的提升，有效激发自身的生命冲动，然而有的学校游泳教学评价却忽视了学生主体性地位的发挥，在一定程度上扼杀了学生的积极性以及创造性。

（三）注重发展性评价

传统形式的游泳教学评价对待教师评价，统一的标准就是学生的优秀率高低以及成绩合格率高低，如果优秀率高则教师就是一名好教师。基于这种趋势，终结性评价的地位逐渐高涨，甚至已经忽视了从正态分布角度看待问题。只要学生考了高分就会被认定是好学生以及优秀学生。实际上，这种终结性评价方式难以从根本上促进教师专业水平大大提升，而且还会使教师形成短视行为，学生主体性也难以充分发挥，整个教学过程会丧失新鲜活力以及新奇想象力，让一切教学活动处在稳定以及静态的状态下，为了获得良好的成绩始终采用固定的方式进行学习。长此以往，将会将教师或学生的发展引向歧途。为了在一定程度上追求教学终结层面的优秀率以及合格率，游泳课教师将教学内容以及学生学习直接与考核紧密联系起来，使学生仅仅是为了良好成绩而上游泳课。这种不良现象就类似于登山，仅仅重视山顶高低，却不会关注沿途风景怎样。游泳教学方法以及内容选择也与考试挂钩，进而对教师创新能力以及科研能力产生极大影响，使教师在教学期间已经没有时间顾忌学生兴趣爱好了，课堂教学甚至会采用应付的态度对待，让一些游泳课教师丧失了教师本该具有的教书育人功能。

后现代主义要求在实际游泳教学期间，将学生作为完整的人以及自由的人，并不是同一的人。在后现代主义下，学生是有思想的，有自己的情感体悟的，在不同起点基础上，获得统一目标实际上不够科学。强化发展性评价是非常必要的，也就是说学生在实际教学中得到了快速发展，就应该打高分，不管其最后成绩是怎样。对于一个身体条件相对较差的学生来说，他非常喜欢游泳这门课程，并且能够认真锻炼，而且已经在学习过程中收获了很多知识，然而最后的跑步成绩却并不如那些身体素质本来就非常优秀却态度较差的学生。实际上，只要在学习中可以真正获得某种东西，则这个学生就应该得高分。学生需要接受教育，但并不是要接受整齐教育，这种教育应该是开放的以及多元化的，并且拥有较强的内涵性以及自由特征，从而使学习过程称为个性自由发展的基本过程。在游泳教学评价中，相关工作人员应该学会从多方面以及多角度进行评价，不仅包括学生的动作掌握情况、技术水平，还应该包括情感体验以及素质培养情况等，让每个学生都可以在学习过程中获得肯定的机会，激发其创造力，为今后的多重发展提供动力。

二、后现代主义指导下的高校游泳教学评价模式

以后现代思想指导游泳教学评价可以说是解决游泳教学评价弊端的合理化选择。从某种程度上讲，后现代主义重视生成性，制定完备的后现代主义精准模式可以说是不可能的。后现代视野下的评价模式需要做到因人而异以及因教师而异，在师生互动中生成多样化评价模式。

（一）个性化评价模式

每个学习者作为特殊个体，应该具有较强的自主性以及个性化，实现每个学生的思维活跃，不能够将学生局限到常规模式中，需要在行为以及思想上都有所作为，提升自我技能水平。孔子尊重个性差异，不仅在道德层面提出了一定的基本要求，而且还尊重学生个性特点，要求结合学生个性实施不同教育。

在游泳教学期间，教师应该重视学生多方面学习与发展。例如日本采用的就是快乐教学法，目标明确，要求不刻意拔高以及强调学生主体地位，评价的目的在于调动学生参与意识，充分激励学生进行主动学习，并重视团队精神培养。我们可以从日本教育思想上吸取经验，具体包括以下几个方面：第一是关心、意欲以及态度；第二是思考以及判断；第三是技能以及表现；第四是知识以及理解。教学评价期间，将关心、意愿与态度放置于首位。评价过程以主观评价为基础，适当减少级差。教学期间注重非标准个体化，并做到尊重个体差异，确保体力水平相对较低的学生可以防止学习信心的减少，让其成为喜欢运动的人。个性化评价实施步骤如下：

（1）合理化的运动实践，确保每个学生都能够了解身体活动态度，进一步加深理解指导思想，促进兴趣培养。

（2）模拟教学期间实施角色互换，采用分组学习的方式进行模拟教学，强化情感体验以及提高身体活动层面的努力水平，注重健康知识学习，充分激发学生的学习积极性，更好地培养创新思维。

（3）对健康测试时间进行计划，尤其要重视教师主观评价，根据个体的不同能力实施评价，让每个学生都可以在学习中得到激励。

（4）重视自我评价，借助言语表达，保证每个学生都有清醒认知，加强教学互动性，保证教师具备明确教学方向。

（二）自我发展评价模式

孟子强调"深造自得"，这种思想与后现代主义所倡导的自主性具有相似之处，都重视学生自主性，并且反对"老师"中心。在游泳教学期间，应该重视学生自学，最大限度转变自学模式。孟子指出知识学习不是从外而来，应该在自己努力钻研的基础上形成，并且指出高深造诣应该具备正确方法，需要自觉追求得到。对于自觉追求而来的知识更加牢固，可以积蓄更深，进而实现取之不尽以及左右逢源。

游泳教学期间，应全面认识学生，确保每个学生都不会受到传统思想的束缚，结合不同学生的不同文化背景以及家庭背景等，实现多向度以及无限量的学习。学生以及游泳教学系统处于开放前提下，往往将内部竞争以及协同作为双重推动力，进而呈现出跳跃式发展的趋势，该趋势任何外力都难以掌控。但是需要注意的一点在于，新教学理念不是对所有的外部因素进行完全否定，实际上外部环境因素可以为学生发展以及教学演进提供一定的条件。此外，在游泳教学期间，学生以及教师都属于主要组分，且两者是同等重要的，两者在有效协同的基础上可以同时发展为建设性因素。不同学生在需要、态度以及能力等方面都是不同的，游泳课教师应该认识到这一点，并实施因材施教：

（1）改进学习评价，并贯穿到整个课程学习全过程，将自我作为参照基础，并且要求每位学生都必须要了解自己所掌握的原有知识基础，在了解自我的基础上，明确学习目标，明确怎样最大限度地缩小与目标之间的差距。

（2）参与运动实践，让学生喜爱运动，设法增强健康以及提高身体素质，借助游泳来真正实现自我价值，注重参与游泳期间的自律性以及创造性，从而树立起良好的生活态度。

（3）充分发挥自身作用，比如自主决定、自我实现以及自我指导。这些作用都需要在实践活动中得到日益完善。

（4）在学习运动技能过程中，更要重视学习态度的培养，积极参与到运动中去，可以全面认识学生，并了解其需求。做到绝对评价以及自我差异评价相结合的教学评价，改变单一化的终结性评价模式，注重形成性评价。

（三）平等对话评价模式

对话交流可以使教师与学生之间形成共同目标，从而使游泳教学逐渐发展为共同参与以及共同创造的过程，实现信息的多向性交流，可以为新信息产生积极创造条件，能够为游泳教学过程提供动力。平等对话评价模式作为一种双向交流现象，是一种超循环模式。在该评价模式指导下，教师应该进一步明确自我认识，确保自己的地位与学生的地位是相同的，两者之间应该加强联系，平等相处，两者在统一循环链条上，认识到自己的工作不是对教学过程进行控制，而且要优化教学期间的信息传递方式，不仅要充当信息给予者以及发布者的角色，而且要充当听从者以及接受者的角色。

孔子注重谈话，并指出知言才能知人。在实际教学中，主张做到教学相长以及发扬教学民主，教学形式应该是师生共同讨论下的学习。例如，一次子夏以及孔子讨论对《诗》中"巧笑倩兮，美目盼兮，素以为绚兮"几句的理解，孔子说了"绘事后素"，而子夏则说出了自己的感悟"礼后乎"，孔子认为子夏的见解有独到之处，对自己也有很大的启发，便赞扬道："起予者商也，始可与言诗已矣。"这说明孔子在教学的过程中，会与学生进行相互切磋，尊重学生的不同见解，给予学生自由发表意见的机会，这种讨论教学形式可以在一定程度上体现师生平等思想，更好地帮助学生激发学习欲望，从而使学生更加积极主动地参与到实际学习中，有效培养自己的独立思考能力以及主动创造能力。

苏格拉底倡导"精神助产术"，指出该思想是人类由无知进入真知的通径。实际上，这个通径也是强调学生以及教师两者的共同讨论以及互相激发，在讨论中共同寻求答案。该方法有助于激发学生主动思考问题，积极寻找正确答案，从而保证每个学生都具备活跃思维。在苏格拉底教育思想指导下，可以清晰地看到学生主体地位的发挥，学生可以自己去挖掘以及去探索问题。教学期间重视启发以及诱导学生，针对疑难问题不进行正面回答，而是通过旁敲侧击的方式，有效启发学生思考，正确引导其寻找答案。基于此，会让学生在心理上有一个完整的思考过程，更好地实现触类旁通以及举一反三，更容易做到学习的事半功倍。此外，苏格拉底喜欢与自己的学生进行交流，但是并不会讲一些具体性的内容，反之是借助提问以及对话的方式引出，然后在一问一答中相互讨论，在此过程中，教师可以将自己的思想以及知识在潜意识中传授到学生头脑中，可以说苏格拉底是最早运用发现的学者。当他向学生提问的时候，学生即使是答错了，也不会对其进行马上否定，而是通过一些问题的补充，在与学生争辩的过程中，让学生意识到自己的错误，及时找到正确答案。

高校游泳教学期间，采用平等对话评价模式应该做到以下几点：

（1）教师应该主动认识以及了解学生。在实际教学期间应不断深入地了解学生个性特点以及能力水平，在尊重个体差异以及文化背景的基础上，学会应用亲和力有效深入学生日常生活，实现师生关系以及生生关系的和平融洽。作为游泳课教师，必须要对自己的工作进行严格要求，必要情况下应该做好记录工作，加强教学互动。

（2）游泳课教师需要借助平等讨论的方式，优化教学期间的信息传递模式，认识到教学过程是一个反馈的过程，在实际教学期间，应该做到教师以及学生的共同参与，两者相互学习以及相互切磋，实现身心愉快的学习，在共同讨论中做到互相激发以及共同探讨，进一步完善游泳活动的价值。

（3）加强和谐自然的对话交流。在游泳教学中，教师应该学会应用和谐的对话方式，营造良好的教学氛围，从而帮助学习效果的提升，让每个学生都可以树立起较强的游泳学习信心，充分体现学生评价教学的功能作用。

参考文献

[1] 林海强.高校游泳教学困境与教学改革探讨——以游泳课为例[J].给水排水,2022,58(2):185.

[2]赵锦泽,余立.新时代高校游泳课教学改革分析[J].当代体育科技,2021,11(29):79-81,85.

[3]马越,汪现义,雍彤韬.高校体育专业《游泳》课程教学改革研究[J].创新创业理论研究与实践,2021,4(16):24-26.

[4]党波.高校游泳教学模式的现状与创新发展探究[J].当代体育科技,2020,10(23):73-84,87.

[5]刘丹.高校游泳教学困境与改革发展策略[J].哈尔滨体育学院学报,2020,38(4):70-73,78.

[6]张博栋.以人为本理念下的高校公共体育课游泳教学改革探究[J].当代体育科技,2020,10(14):10-11.

[7]王佳.论改革创新高校游泳课教学方法和模式[J].当代体育科技,2020,10(6):114,116.

[8]杨莉.分层教学在高校游泳教学中的实践应用[J].当代体育科技,2020,10(3):168-169.

[9]李建军.高校游泳教学现状及发展对策分享[J].体育世界(学术版),2020(1):17,19.

[10]郝建国.分层教学在高校游泳教学中的实践应用[J].教育现代化,2019,6(63):205-207.

[11]谢昕.高校游泳教学的内容方法及其模式的研究[J].当代体育科技,2019,9(4):78-79.

[12]李鹏伟.河南省高校游泳教学探讨[J].运动,2018(23):90-91.

[13]金忠林.普通高校游泳教学现状与改革思考[J].中小企业管理与科技(上旬刊),2018(8):119-120.

[14]朱旭冉,赵世鹏,韩程爽,等.河南省高校社会体育专业游泳教学改革实验研究——以郑州大学为例[J].运动,2018(15):64-65.

[15]黄秀凤.简析同伴教育在高校游泳教学中的应用[J].运动,2018(9):103-104.

[16]鲁守平.高校公共体育课游泳教学改革与以人为本理念的渗透分析[J].中国高新区,2018(9):74.

[17]刘梦辰,马峰跃,张一帆.高校游泳教学探讨——以牡丹江师范学院为例[J].西部素质

教育,2018,4(7):82,102.

[18]王熠.高校游泳教学改革思考[J].当代体育科技,2018,8(9):63-64.

[19]李飞飞.关于改革创新高校游泳课教学方法和模式的研究[J].才智,2017(27):110.

[20]安淑平.改革创新高校游泳课教学方法和模式[J].当代体育科技,2017,7(25):78-79.

[21]利秀玲,王媛.高校游泳教学"课内外一体化"课程模式的实验性研究[J].当代体育科技,2017,7(24):128-129,131.

[22]周暴.普通高校游泳教学方法改革探究[J].现代交际,2017(14):170.

[23]庞博.普通高校游泳教学模式的改革与实践[J].运动,2017(10):94-95.

[24]雪峰,王磊,董山强,等."乌大张"地区高校游泳教学发展现状的调查研究及对策[J].当代教育实践与教学研究,2017(3):274-275.

[25]易述鲜.新时期背景下改革创新高校游泳课教学方法和模式[J].教育现代化,2016,3(38):87-88.

[26]王彬.改革创新高校游泳课教学方法和模式[J].亚太教育,2016(24):73.

[27]陈洁.高校游泳教学改革研究[J].科学大众(科学教育),2016(3):164.

[28]康鸾.改革创新高校游泳课教学方法和模式[J].体育世界(学术版),2015(6):107-108.

[29]鹿徽.对普通高校游泳教学的几点思考[J].运动,2015(10):81-82.

[30]卢玉龙,谢亮,夏建强.OBE理论视角下高校游泳教学改革方向思考[J].湖北科技学院学报,2015,35(2):140-142.

[31]景凤琦.高校游泳教学开展的现状、问题及对策[J].知识经济,2015(10):128.

[32]靳辉.高校游泳教学现状与改革浅析[J].运动,2015(5):103-104,83.

[33]龚小泉.高校游泳教学改革必要性分析[J].当代体育科技,2015,(5):249-250.

[34]纪彦屹.我国高校公体游泳课教学改革探析[J].当代体育科技,2015,5(3):61-63.

[35]张毅.高校游泳教学改革新思考——基于OBE模式的改革[J].当代体育科技,2014,4(28):77,79.